AF546907

KNAUR
MENSSANA

LUISA FRANCIA

Mit Göttinnen durch die Raunächte

12 Anleitungen zur Befreiung des Herzens

Besuchen Sie uns im Internet:
www.mesn-sana.de

Aus Verantwortung für die Umwelt hat sich die Verlagsgruppe Droemer Knaur zu einer nachhaltigen Buchproduktion verpflichtet. Der bewusste Umgang mit unseren Ressourcen, der Schutz unseres Klimas und der Natur gehören zu unseren obersten Unternehmenszielen. Gemeinsam mit unseren Partnern und Lieferanten setzen wir uns für eine klimaneutrale Buchproduktion ein, die den Erwerb von Klimazertifikaten zur Kompensation des CO_2-Ausstoßes einschließt. Weitere Informationen finden Sie unter: www.klimaneutralerverlag.de

Originalausgabe 2021

Covergestaltung: atelier-sanna.com, München
Coverabbildung: Luisa Francia; phive/Shutterstock.com
Abbildungen im Innenteil: alle Illustrationen der Göttinnen von Luisa Francia
Satz: Adobe InDesign im Verlag
Druck und Bindung: Grafisches Centrum Cuno GmbH & Co. KG, Calbe
ISBN 978-3-426-65875-8

2 4 6 5 3

Große universelle Muttergöttin
du bringst alles hervor und nimmst es wieder zu dir
du bist überall und hast viele Namen
mögest du alle Menschen beschützen
mögest du Freude und Heilung verbreiten
uns von dem Gift des Hasses befreien
und uns in unseren Träumen
die Harmonie des Universums schenken

So sei es!

Inhalt

Zurück in die ureigene weibliche Kraft

Wie kann eine Frau zu ihren ureigenen Kräften finden – inmitten einer Welt, auch einer digitalen Welt, die voll ist von Eindrücken, Anweisungen, Einschränkungen, die so viele Möglichkeiten bietet, dass es schwer wird, herauszufinden: Was will ich wirklich? Wo liegt meine größte Kraft? Was hindert mich daran, sie auszuleben?

Die größte Herausforderung ist wohl, die Signale aus dem eigenen Unterbewusstsein, aus dem Nebel der eigenen Ursuppe herauszufiltern. Die Signale der Umgebung, der Welt, der Medien sind laut – die eigenen sind eher leise, verborgen. Es braucht Ruhe und Geduld, da hineinzuhorchen, wahrzunehmen, zu vertrauen – sich Zeit zu nehmen dafür. Doch nur mit dem Wissen um die eigene Kraft kann das Leben gut bewältigt werden.

Es gibt eigentlich immer Zeichen aus dieser Tiefe: Man tut etwas, das nicht der eigenen Entscheidung entspringt, oder folgt einer Spur, die nicht die eigene ist und sich nicht gut anfühlt. Das ungute Gefühl wird dann gern weggewischt, auch mal mit der Ermahnung, nicht so kompliziert, nicht so überempfindlich zu sein. Genau diese Überempfindlichkeit ist es jedoch, die uns in die Tiefe des Unbewussten führt.

In der Magie wird das gerufen, was kommen soll. Da lohnt es sich schon, sich bewusst zu werden und darüber nachzudenken, was wir täglich rufen, aussprechen, was wir immer wieder wie ein Mantra wiederholen.

Wie können wir aus dem Chaos des Lebens eine Kraft für uns selbst herauskristallisieren?

Dafür ist dieses Raunachtsprogramm gedacht: Das Raunachtsprogramm orientiert sich an den zwölf Nächten zwischen Weihnachten und dem Perchtentag am 6. Januar, der in unserer Kultur den »heiligen drei Königen« gewidmet wurde. Zwölf Nächte liegen zwischen dem alten Mondkalender und dem Sonnenkalender, wie wir ihn kennen. Sie sind wie eine Art Zwischenraum, ein zeitloser Zustand, in dem alte Kräfte gerufen und die Anlegestellen dafür im eigenen Leben wiedergefunden werden können.

Zwar sind die Raunächte eine besonders starke Zeit für einen spirituellen Neustart, doch ist es auch möglich, zu einer anderen Zeit mit den zwölf Göttinnen eine magische Erneuerung anzugehen.

Beim Raunachtsprogramm geht es nicht um Einordnung, Beurteilung, Bewertung von Kräften, sondern um die Energien, die in

diesen zwölf Nächten auftauchen und betrachtet und bearbeitet werden können. Es gibt wohl in allen Kulturen diese »spirituelle Auszeit«, dieses Innehalten und Überprüfen: Wie lebe ich, wie spüre ich mich? Wie gehe ich mit Problemen um? Diese besondere Zeit ist hilfreich, um in die Tiefe zu sinken, die Probleme und Themen von der anderen Seite der Wirklichkeit zu betrachten, wo das Lebensmuster vernäht ist, wo sich Knoten bilden, wo lose Fäden hängen.

Es kann auch sein, dass manche Göttinnen oder Themen während des Jahres auftauchen und beachtet werden wollen, um spielerisch zu den eigenen Kräften zu finden, die eigenen Widersprüche zu entdecken und sie aufzulösen.

In den Raunächten geht es darum, aus dem Rad der fortlaufenden Ereignisse, vielleicht auch aus dem Hamsterrad, auszusteigen, sich umzusehen und wahrzunehmen. Das Aussteigen aus dem Hamsterrad wird oft als existenzielle Bedrohung wahrgenommen – ja, aber was wird dann, wenn ich die Gewohnheit mit allen Vor- und Nachteilen aufgebe?

Wahr ist, dass das Beenden von ungeliebten Gewohnheiten Räume freisetzt, von denen wir vorher nichts gewusst haben.

Im bayrisch-österreichisch-schweizerischen Alpenraum wird in den Raunächten die Göttin Percht verehrt. Ihr werden weiße Speisen hinausgestellt, wenn sie mit ihrem Zug der Seelen durchs Land fährt. Es gilt das »Perchtentabu« – Frauen sollen in der Zeit der Raunächte nicht arbeiten, keine Wäsche waschen, sondern sich mit anderen Frauen in den Spinnstuben treffen und Geschichten austauschen. Dieses Perchtentabu wird heute von den spirituellen Frauen oft missverstanden. Es ist kein Tabu, das Frauen noch mehr einschränkt, es ist vielmehr zu ihrem Schutz erfunden worden und als Möglichkeit, sich eine Auszeit zu nehmen und sich mit der ureigenen weiblichen Kraft zu verbinden. Frauen, die trotzdem waschen und werkeln wollen, sollen das ruhig tun. Wir sind ja nicht in der katholischen Kirche, wo jede »Sünde« eine »Strafe« nach sich zieht. Das liegt allerdings fast allen Frauen, die mit der Kirche aufgewachsen sind, noch in den Knochen.

Wie so viele andere Frauen erlebte ich »weiblich sein« in der Gesellschaft als Mangel, als einen Zustand, der nur durch Schönheit, Mitgefühl und soziale Aktivitäten verbessert werden kann. Zweite Wahl. Die Krone der Schöpfung ist der Mann, er sagt, wo's langgeht, er macht die Gesetze und regelt das Zusammenleben durch Heirat, Religion und Hierarchie. In meiner Kernfamilie gab es allerdings nur Frauen, da wehte ein anderer Wind. Da spürte ich Widerspruch, Eigenmacht und Auseinandersetzung. Schönheit spielte keine Rolle.

Schon als Kind hatte ich ein Gefühl von Fremdheit, wenn ich mit der »wirklichen« Welt zusammenprallte. So wurde es für mich lebensnotwendig herauszufinden, wie ich bei mir ankommen, bei mir zu Hause sein kann, ohne den Bezug zur Außenwelt zu verlieren. Abgrenzung war nötig, denn der weibliche Blick, das weibliche Empfinden war unerwünscht, zu emotional, zu wenig rational, zu esoterisch, zu lächerlich.

Ich suchte Anschluss an kluge Männer, die sich dann leider oft als kindische Egoisten entpuppten, die mich als die Frau, die ich war, gar nicht wahrnahmen. Ich wollte schreiben, und ich las viel, doch die hohe Literatur enthielt oft Demütigung und Diffamierung von Frauen.

Ich wollte bei mir selbst zu Hause sein, den fremden Blick abstreifen, die aufgedrängten fremden Gefühle nicht mehr mitfühlen, mich selbst nicht mehr reduzieren, um akzeptiert zu werden. Ich wollte bei mir zu Hause sein und mich wohlfühlen in der widersprüchlichen und nicht perfekten Welt meiner Empfindungen und Wahrnehmungen, in meiner eigenen Sprache und meinem Ausdruck.

So wurde mein Lebensweg zu einer Wanderung auf ureigenen Pfaden, oft kritisiert, lächerlich gemacht, mit guten Ratschlägen berieselt, abgelehnt. Ich lernte dabei das Wichtigste: Ich kann nur ich selbst sein. Wenn das nicht gut genug ist, kann und will ich es nicht ändern.

Natürlich gibt es Frauen, die mich beeindrucken und lehren, die ich bewundere, verehre. Doch immer bleibe ich bei mir, nehme auf, was passt, und schüttle ab, was nicht zu mir gehört. Es geht für mich nicht darum, es anderen recht zu machen, weil jede und jeder etwas anderes in mir sehen, etwas anderes aus mir machen würde. So mache ich es mir selbst recht – dann ist wenigstens eine Person zufrieden. Ich suche nicht Lob und Anerkennung, denn ich kann nur die sein, die ich bin, ob ich dafür nun gelobt, anerkannt oder kritisiert werde.

Die Entdeckung der Göttinnen erlebte ich als Offenbarung: Für jede Kraft, für jede Eigenschaft gibt es eine Göttin, die sie lebt und ausdrückt. Es ist okay, zornig zu sein, wild, unangepasst, liebevoll, zärtlich, mitfühlend, streng, verständnislos. Alles ist da. Auf dem Weg zu ihrer ureigenen Kraft muss eine Frau also all diese Zutaten abwägen, abschmecken, prüfen, was passt, abstreifen, was verletzt und stört, um ganz in ihrer eigenen Kraft aufzublühen, um sich selbst zu nähren und die Abhängigkeit von Zustimmung oder Ablehnung aufzulösen.

Die Idee zu diesem Raunachtsprogramm entstand im vergangenen Jahr, in dem ich die Raunächte, die damit verbundenen Gefühle und Gefahren, besonders stark erlebte. Ich dachte: Was passiert denn, wenn ich all diese zerstörerischen Kräfte, diesen Mangel, diesen Zorn zulasse und genauer anschaue, ohne zu werten, wenn ich mir Verbündete dazu rufe, Kräfte meines spirituellen Universums, die natürlich auch ein Teil meiner Lebenskraft, meiner Person sind? Ich fing an, über die Verstrickung in alte Zuständigkeiten und Moralvorstellungen, über Krankheiten, Schuldzuweisungen, Kritik und neue Anklagen (Klimasünden) nachzudenken. Jeden Abend setzte ich mich in die Nacht des Herzens, mal auf einen Stein in der Landschaft, mal in meinem Zimmer, und horchte in die Dunkelheit. Selbstvorwürfe, selbstzerstörerische Gedanken, Schuldgefühle, und dann ein Aufleuchten: alles Blödsinn. Ich habe alles so gut gemacht, wie ich konnte, ich mache alles so gut, wie ich kann, und jetzt befreie ich mein Herz, denn ich habe zu tun.

Die erneuernde Kraft des Rituals

In den alten Kulturen war der Ausgleich für ein zu schweres Herz immer das Ritual. »In einem Ritual wird die Welt neu erschaffen«, sagt ein afrikanisches Sprichwort. Im Ritual, im geschützten spirituellen Raum, kann das Unerhörte gehört, das Unsägliche gesagt, das Unfassbare gefasst – und dann losgelassen werden. Ein Ritual ist keine Wohltätigkeitsveranstaltung, denn jede Person, die mitmacht, bringt nur ihre eigene Kraft ein, bekommt aber die Kraft von allen anderen. In einem Ritualkreis sind alle gleich, es gibt kein Oben und Unten, kein Besser und Schlechter, kein Schuldig und Unschuldig. Alle zusammen wirken ein Feld der Heiterkeit, in dem das Herz so leicht wird wie eine Feder.

Jedem Thema in diesem Buch habe ich ein Ritual gewidmet – ein Ritual, in dem auf spielerische, nicht lineare Art ein Wahrnehmen und Erkennen geschehen kann.

Dazu ist es hilfreich, einen Platz herzurichten, an dem diese Betrachtung, diese Meditation oder das Ritual ohne Störung stattfinden kann. In der Familie hat eine Frau oft keinen eigenen Platz, kein eigenes Zimmer, wo sie ungestört – und ohne Erklärungen abzugeben – für sich sein kann. Viele Frauen halten es sogar für egoistisch, so einen Platz einzufordern oder überhaupt zu wünschen. Da gibt es ein gemeinsames Wohnzimmer, ein gemeinsames Schlafzimmer, der Mann hat vielleicht einen Bastelkeller, und die Frau richtet sich irgendwo eine Ecke ein. Es ist wichtig, eine Tür hinter sich schließen zu können. Ich hatte an meiner Tür dann das Schild »Nicht stören. Bin in Trance«. Da standen dann zwar die Kinder unserer Hausgemeinschaft wispernd davor, doch gestört wurde ich nicht.

Diese Raunachtszeit der Befreiung des Herzens erfordert eine klare Ansage an die anderen Menschen der Umgebung.

Es wird als selbstverständlich angenommen, dass Frauen in der Familie alle anderen umsorgen, die Alten und Kranken pflegen, sich um alle Probleme der Kinder und der alten Menschen kümmern. Wenn Männer Angehörige pflegen oder sich alleinerziehend um Kinder kümmern, wird meistens erst klar, wie anstrengend, wie ausgrenzend das ist. Häusliche Pflege ist energetisch ein Fass ohne Boden. Oft fehlen Pflegekräfte, die einspringen könnten. Ich weiß aus eigener Erfahrung, wie kräftezehrend häusliche Pflege ist und wie wichtig es ist, Alternativen wie Kurzzeitpflege, Tagespflege oder Ähnliches zu finden und einzufordern. Meine Mutter starb 92-jährig, kurz nachdem meine Schwester und ich völlig ausgepowert einen kurzen gemeinsamen Urlaub durchgesetzt hatten und sie in die Kurzzeitpflege brachten, wo sie mit einer Freundin täglich Karten spielen konnte. Natürlich hatten wir Schuldgefühle, doch wurde mir klar, dass man die Eigenverantwortung auch zurückgeben muss an die Person, für die man sich verantwortlich fühlt. Das eherne Gesetz, nie aufgeschrieben, doch vermutlich in fast allen Frauenherzen verankert, dass eine Frau für alle sorgen muss, erzeugt fast automatisch Schuldgefühle, sobald sich eine aus dem Joch befreien will und kann.

Kann ein Ritual in dieser Situation helfen? Ja. Unbedingt. Rituale erzeugen Energiefelder, die frischen Wind in alte Abhängigkeiten

bringen. Kleine Rituale, die den Alltag aus den Angeln heben und andere Wertigkeiten und Prioritäten anlegen, tragen dazu bei, dass nach Lösungen gesucht, dass Lösungen für Probleme gefunden werden.

Wie können solche Rituale aussehen? Ich hole morgens zum Beispiel gründlich Luft bei offenem Fenster, denn ein gut gelüftetes Hirn fühlt sich freier an und ist bereit, ungewohnte Denkprozesse zuzulassen.

Die Wohnung oder das Haus mit einer natürlichen Substanz wie Wacholder, Rosmarin oder Salbei zu räuchern vertreibt nicht nur Keime, sondern oft auch schlechte Laune.

Freiräume, Auszeiten einzufordern und sie – ja, rituell – täglich umzusetzen wird vielleicht nicht von anderen Familienmitgliedern begeistert aufgenommen, doch mit der Zeit akzeptiert. Die grausame Macht der Gewohnheit lässt sich eben auch in fantasievolle, befreiende Aktionen übertragen. Wenn eine einzige Person Gewohnheiten ändert, Abhängigkeiten löst, Machtspiele nicht mehr zulässt, verändern sich auch alle anderen Betroffenen. Meistens sind es die Kinder, die manchmal schockierend aus dem Familienmuster ausbrechen. Es ist Zeit, dass auch Frauen hier Lernprozesse machen.

Die Kraft der Göttinnen

Es gibt in unserer Gesellschaft eine Vorstellung davon, wie eine Frau sein soll. Sie soll möglichst gut aussehen, soll sich der Familie zur Verfügung stellen, soll sozial und hilfsbereit sein und sich gern auch noch für alle möglichen sozialen Projekte engagieren – ohne Bezahlung versteht sich. Seit Hunderten von Jahren unterwerfen sich Frauen dieser Vorgabe, mal freiwillig, mal zähneknirschend.

Doch wie kann eine Frau in einem so festen Gefüge zu ihrer ureigenen Kraft finden und sie auch ausleben? Ich habe weiter vorn beschrieben, dass die Entdeckung der Göttinnen für mich diesbezüglich eine Offenbarung war. Göttinnen, die weltweit beschrieben, verehrt, gefeiert werden, repräsentieren weibliche Kräfte, die tatsächlich in jeder Frau angelegt, doch nicht immer ausgelebt werden. Das Überraschende dabei ist: Auch die zornige, tobende, entschlossene, machtvolle, kämpferische, zerstörerische Kraft wird als göttliche Kraft einer Frau wahrgenommen und respektiert. Es gilt, alles da sein zu lassen, alles gehört dazu, denn der Weg der Heilung ist für viele von uns ein Weg der Integration.

Das entspricht nicht der gängigen Vorstellung, wie eine Frau zu sein hat. Die findet sich oft in zwei Rollen: einerseits Maria, die Mutter Gottes, die mild und liebevoll, besänftigend und heilend dargestellt ist, und andererseits die Hure, die die sexuellen Bedürfnisse der Männer anregt, begleitet, befriedigt. Die Heilige und die Hure – das wären die Rollen, die Frauen spielen, denen sie entsprechen sollen. Und das ist für die meisten Frauen unbefriedigend, weil Frauen keine Serviceeinrichtung sind, auch wenn sie so von Kind an konditioniert werden.

Mit zwölf Göttinnen durch die Raunächte lässt andere Aspekte weiblicher Kraft aufleuchten – die wilde Kraft, die Heilerin, die Wegbereiterin, die Spinnerinnen, die Mondkraft, die erneuernde Kraft, die Gebieterin über die Albträume, die Gestaltwandlerin, die Sonnenkraft und die uralte Mutter, die Närrin. Natürlich kann eine Frau auch ohne Göttinnenkraft ihre eigene Kraft entdecken, doch ist es hilfreich zu wissen, dass Frauenkraft zu allen Zeiten in allen Facetten gelebt und verehrt wurde. Eine Frau muss heute nicht alles neu erfinden, weil viele Frauen vor ihr schon weibliche Kräfte entdeckt, gelebt und weitergegeben haben.

Für einen lustvollen Neubeginn, für eine Befreiung des Herzens sind die uralten Kräfte der Göttinnen gute Wegbegleiterinnen, die neue, vielleicht sogar ungeahnte Möglichkeiten aufzeigen.

Die Befreiung des Herzens

Während alle monotheistischen Religionen davon ausgehen, dass es Gut und Böse gibt, dass es Schuld gibt, die Sühne erfordert, zeigen uns alte spirituelle Traditionen eine ganz andere Wirklichkeit: Angst, Häme, Hass, Wut, Eifersucht, Neid sind Kräfte, die in Menschen entstehen. Das mag von außen genährt werden – zum Beispiel durch Ideologien –, doch wirken diese Kräfte im Gehirn, ja im Herzen der betroffenen Person und schädigen sie.

Die ägyptische Göttin der universellen Gerechtigkeit, Maat, wird deshalb auch nicht als eine Richterin oder Rächerin beschrieben. Sie steht an der Grenze zwischen Leben und Tod, und ihr Gesetz ist so einfach wie kompliziert. Sie wiegt das Herz der Person, die ins Totenreich gehen soll. Ist es zu schwer, wird sie nicht durchgelassen und muss in einer Zwischenwelt dahinvegetieren, ihren eigenen Zweifeln und Gefühlen vollkommen ausgeliefert. Wir sehen hier keine christliche Hölle, in der man von Teufeln gebraten wird, sondern eine ganz realistische Situation: Die Hölle ist, wenn du den Hass nicht mehr loswirst, wenn du in Zorn, in Zweifel, in Angst versinkst. Alles spielt sich im Kopf ab. Ja, alles hat auch eine ge-

sellschaftliche Realität, doch die alles entscheidende Frage ist: Wie schaffen wir es, von diesen Kräften, die wir in unser Herz eingelassen haben, nicht zerstört zu werden?

Mach aus deinem Herzen keine Mördergrube – schon als Kind beschäftigte mich dieser Spruch. Wie fühlt es sich an, wenn das Herz eine Mördergrube ist? Da steigt die Bitterkeit auf, die so langsam das ganze System vergiftet – und ist es nicht geradezu unheimlich, wie tatsächlich der Körper diesem Gift zum Opfer fällt, wie der Magen Säure produziert und der Blutdruck steigt, wie die Botenstoffe durch die Körperflüsse jagen und schlafende Krankheitsbringer geweckt werden?

Jemanden zu hassen ist, wie Gift zu schlucken und zu hoffen, dass die andere Person daran stirbt, sagt eine buddhistische Weisheit.

Der Hass auf andere hat immer mit einem Mangel zu tun – Mangel an Möglichkeiten, Mangel an Genauigkeit, an Überlegungen, Mangel an Selbstliebe und Heiterkeit. Das Gift, das eingeschleust wurde: Jemand muss schuld sein. Kann ja sein, dass es einen Zustand gibt, der von Menschen ausgelöst wurde und jetzt geheilt, bereinigt, ausgeglichen werden muss. Mit Hass und Gewalt kann das nicht gelingen.

Wie also wird das Herz so leicht wie eine Feder? Wie werfen wir die Schuldzuweisungen, die Häme, den Neid, die Eifersucht, die Wut aus dem Herzen?

Die Waage in der Hand der Göttin Maat zeigt es: Es geht um die Balance; was zu viel ist, wird zurückgefahren, was zu wenig ist, wird genährt.

Westlich der Sonne und östlich vom Mond

In einem Märchen beschreibt dieser Begriff »westlich der Sonne und östlich vom Mond« einen Zustand, der sich weder räumlich noch zeitlich wirklich einordnen lässt. Es ist das Eintauchen in einen Zustand der Leere und zugleich in das Vorbeiziehen all der Themen, die das Herz vergiften, mit denen wir alle auf unterschiedliche Weise immer wieder zu tun haben. Es geht um eine Energie, die aus den weltlichen Belangen, aus Ängsten, Hoffnungen, Plänen, Gefühlen herausführt in den Zwischenraum – zwischen Sonne und Mond, zwischen Sonnenkalender und Mondkalender, zwischen Lebenskraft und Gefühl, zwischen materieller Wirklichkeit und all den nicht sichtbaren, verborgenen Ebenen der anderen Wirklichkeiten.

Auch wenn wir nicht religiös erzogen wurden, dringt die christliche Moral (oder eben die Moral der jeweiligen Religion) tief in unser Fühlen und Handeln ein. Als ChristInnen sind wir »SünderInnen«, geboren schon mit der »Erbsünde« – ist es nicht seltsam, dass das bis heute so behauptet wird? Wir fühlen uns schuldig, sobald wir etwas »Böses« tun. Die Sünde ist überall eingesickert – Verkehrssünder, Bausünden, Umweltsünder … Essen wir zu fett, zu süß, zu ungesund, dann haben wir »gesündigt« und fühlen uns entsprechend schuldig. Sagen wir etwas sehr Freches, heißt es bestimmt von irgendwoher »versündige dich nicht«. Das musst du büßen! Genuss und Reue! Warum muss der Weg zum Genuss schon vorher abgeschnitten werden, indem die Reue angemahnt, ja vorausgesetzt wird?

Das Muster der Sünde ist: Ich sündige, ich büße, beichte oder sage, dass es mir leidtut, habe ein schlechtes Gewissen, nach der Beichte wird verziehen, und alles geht wieder von vorn los.

Ja, aber du hast doch auch Göttinnen, sagen dann manchmal Frauen zu mir, wenn ich an einen Gott nicht glauben will. Fast alle Göttinnen, die ich erforscht habe, waren einmal lebendige Frauen, die verehrt wurden, geachtet, vielleicht auch gefürchtet, und die im Lauf der Zeit göttlich wurden.

Göttinnen sind Kräfte in uns Frauen, die wir leben oder eben nicht. Göttinnen sitzen nicht auf Wolken und schauen uns zu. Die vielfältigen Kräfte der Göttinnen sind Facetten unserer eigenen Energie, die gelebt werden wollen. Sie sind das Regenbogenschimmern der weiblichen Kraft. Sie leuchten auf, sie ruhen in uns, blühen auf, sie nähren unsere Kraft.

In der christlichen Religion werden »negative« Kräfte benannt, verurteilt und sollen gesühnt werden.

In der viel älteren Spiritualität der vorchristlichen Vorstellungen tragen all diese Kräfte dazu bei, dass wir unseren Alltag bewältigen können. Wir gestatten uns, auch einmal auszuflippen, zu hassen, zu lügen, zu intrigieren. Wir sind neidisch und missgünstig, wenn wir uns selbst nicht respektiert fühlen.

Als ich ein Kind war, besuchte ich mit meiner Mutter einmal eine Familie, bei der meine Mutter Eier kaufte. Wir kamen in die Küche. Auf dem Boden lag ein Häufchen von einem Kind oder einem Tier. Meine Mutter schaute wahrscheinlich irritiert, doch die Frau, die wir besuchten, schob das Häufchen ungeniert einfach unter den Schrank. Das machte mir Eindruck. Sie schämte sich nicht, sie hatte keine Schuldgefühle. Sie sah, dass es meine Mutter störte, und schob es weg. Ich fühlte eine Art innerer Befreiung – ach so, das geht auch!

Viel später lebte ich in einer Frauen-Wohngemeinschaft. Eine der Frauen kaufte sich, weil sie gut verdiente, ein BMW-Cabrio. Eine andere Frau fragte sie entgeistert (weil Autos problematisch und solche natürlich tabu waren): »Wieso kaufst du dir so ein Protzauto?« Sagte die andere: »Weil ich angeben will.« Da war es wieder, dieses innere Gefühl der Befreiung. Das kann man einfach zugeben. Toll.

Wo keine Schuldgefühle sind, fehlen irgendwann auch Neid und Missgunst. Wenn ich mir selbst geben kann, was ich brauche, wenn ich erkenne, was mir fehlt, muss ich nicht neidisch sein.

Die zentrale Frage ist: Was fehlt? Welcher Mangel führt zu Gemeinheiten, zu Verzweiflung und Angst, und wie kann ich mich von diesem Nagen in meinem Herzen befreien? Wie kann ich damit umgehen, ohne es jemandem zu beichten und mich schuldig zu fühlen? Wie kann ich kreativ damit umgehen, liebevoll, verständnisvoll?

Frauen kennen Mangel – Mangel an Respekt, an Wahrnehmung (oft beglotzt, aber selten wahrgenommen), an Möglichkeiten. Wie kann ich den Mangel in meinem Leben bearbeiten, ohne mich selbst und andere dafür zu beschuldigen?

Vielleicht noch wichtiger: Wie kann ich mit Verletzungen, mit Respektlosigkeit und Demütigung umgehen? Es heißt ja immer, wir sollen alles verzeihen. Ich finde das nicht. Es gibt Grausamkeiten und Gemeinheiten, die muss eine Frau nicht eilfertig verzeihen. Das führt ja nur dazu, dass es so weitergeht. Wahrnehmen, was ist, und sich Zeit lassen mit dem Verzeihen, oder eben auf Abstand gehen ist auf jeden Fall wirkungsvoller.

Die Kraft der Ahninnen

Machen wir nun noch eine kleine Reise durch die Geschichte der Frauen und betrachten, was sie für das Selbstbewusstsein von Frauen heute bedeutet.

Kein Mann hat mich jemals so enttäuscht, so fertiggemacht, so angegriffen, so unfair behandelt wie eine Frau – das ist die Zusammenfassung von Aussagen von Frauen, mit denen ich sprach. Kein Wunder. Über Tausende von Jahren wurden Frauen ihrer Kraft, ihrer Fähigkeiten, ihrer Möglichkeiten beraubt. Das Recht auf ihren eigenen Bauch wurde ihnen genommen, und mit der Gründung der monotheistischen Religionen überall auf der Welt verloren sie vollständig die Macht über ihr Leben, das Recht, frei zu entscheiden. Noch bis in die 1970er-Jahre musste eine Frau in Deutschland ihren Mann um Erlaubnis bitten, wenn sie arbeiten wollte, wenn sie einen Pass beantragen wollte, wenn sie reisen wollte. Kein Wunder also, dass das Leben von Frauen in seelischen Ausweichquartieren stattfindet. Denn noch immer wird eine Frau meistens entsprechend ihrer Attraktivität öffentlich wahrgenommen, erwähnt, eingesetzt. Wobei Attraktivität immer vom Klischee des »Weiblichen« ausgeht.

»MeToo« ist auch nur eine Glanzschicht auf der sogenannten neuen feministischen Bewegung. In Wirklichkeit geht die Wunde viel tiefer und schwärt dort weiter, weil sie nicht mehr an die Oberfläche kommt. Die Auswirkungen von Frauenfeindlichkeit, von Beschränkung der Rechte von Frauen, von Benutzung von Frauen als Serviceeinrichtung für Männer, für Familien wird vielleicht inzwischen wahrgenommen, doch liegt das Problem viel tiefer. »Ich bin ja zu nichts mehr zu gebrauchen«, sagte eine alte Frau, der ich erwiderte: »Sei froh, du bist doch kein Gebrauchsgegenstand.«

Die Wunden, die Frauen in der Vergangenheit zugefügt wurden, die ihnen immer noch zugefügt werden, sind der Motor für Intrigen, für Neid, Eifersucht, Hass. Deshalb ist es wichtig, in die Vergangenheit zu schauen, wo kommen wir her, wie wurden wir zu denen, die wir sind? Erst wenn wir das Ganze sehen, den Lauf der Zeit, der unsere Gegenwart heute bestimmt, können wir das Problem an der Wurzel anpacken.

Es fängt an bei einer jahrelangen Blindheit: In der Wissenschaftsszene wundert man sich beispielsweise, dass vor 9000 Jahren »auch Frauen« jagten, dass der Wikingerkrieger von Birka in Wirklichkeit eine Kriegerin ist, dass die Frauen, die im Osebergschiff bestattet wurden, nicht etwa »Herrin und Dienerin« oder »Mutter und

Tochter« waren. Sondern? Um Himmels willen, die waren doch nicht etwa ein Paar?

Warum ist es wichtig zu wissen, wie mächtig Frauen in der Vergangenheit waren, bevor sie von den großen monotheistischen Religionen beseitigt, mit der Inquisition ja tatsächlich körperlich beseitigt wurden? Weil wir die Zukunft aus der Vergangenheit gestalten, und wenn uns die Vergangenheit gestohlen wird, ist unsere Identität brüchig, müssen wir alles neu erfinden, die Künste, die Spiritualität, die Baukunst, die Textilkunst. Doch das müssen wir eben nicht. Alles war schon da.

Die früheste Skulptur der Menschheit, die wir bis jetzt kennen, ist etwa 300 000 Jahre alt und eine Frau. Sie wurde von der Archäologin Nama Goren Inbar in Berekhat Ram auf den Golanhöhen ausgegraben und anhand von Schichttiefe und Befunden datiert.

Der deutsche Archäologe Lutz Fiedler fand in Tan-Tan, Marokko, bei einer Ausgrabung eine Figur, über die jahrelang gerätselt wurde, bevor der Fund veröffentlicht und erklärt wurde, dass es sich wohl um eine rund 300 000 bis 500 000 Jahre alte Steinfigur handelt. Möglicherweise wurde die Form von den Menschen damals so gefunden und mit wenigen Gravuren deutlicher gemacht, doch vor allem die Ockerreste deuten darauf hin, dass es sich in der Tat um eine Frauenfigur handelt, die auch so gemeint war.

Zwischen dem Auftauchen der Frauen von Berekhat Ram und Tan-Tan und dem der Frau vom Galgenberg und vom Hohle Fels (beide ca. 35 000 Jahre vor unserer Zeitrechnung, die von Aleksandra Mistireki und Maria Malina in einem Abfallhaufen aus dem 19. Jahrhundert gefunden wurden) sind vorerst keine Funde bekannt.

In den 1980er-Jahren fanden amerikanische ArchäologInnen auch im Senegal, in Mali und Marokko weibliche Idolfiguren.

Berühmt sind die Frauen aus Catalhöyük und Hacilar, die mit Löwinnen oder Stierköpfen dargestellt sind. Es ist offensichtlich, dass es in der Frühzeit der Menschen Frauen waren, die verehrt wurden. Sie waren die starken, schützten Menschen oder Getreidespeicher, Feuerplätze oder Häuser (wie zum Beispiel in Lepenski Vir, wo Kopffiguren mit Vulva verehrt wurden und die Siedlungen wie Frauenkörper gebaut waren).

Auch auf Sardinien und Korsika, in Spanien und Portugal, in Nordafrika überwiegen weibliche Darstellungen.

Das staatliche archäologische Museum in Les Eyzies-de-Tayac zeigte in der Ausstellung »Mille et une Femme« jungsteinzeitliche Idolfiguren und Gravuren von Frauen und weist auf die überwältigende Anwesenheit von weiblichen Figuren als Idole und Schutzsymbole hin.

Auf der Iberischen Halbinsel gibt es in der Jungsteinzeit/Bronzezeit eine Besonderheit: rechteckige Schieferplatten mit stilisierten Frauen, die durch Dreiecke, Chevronmuster und Rauten dargestellt sind und von ArchäologInnen als »Gaben an die große Muttergöttin« bezeichnet werden.

Interessant ist auch, dass bis etwa 10 000 vor unserer Zeit die Frauenfiguren rund und füllig dargestellt werden, nicht etwa aus sexuellen Gründen, sondern weil es ein Privileg war, fett zu sein und genug Nahrung zu haben. Zum Ende der Jungsteinzeit und in der Bronzezeit werden die weiblichen Darstellungen immer abstrakter. Danach finden sich zahlreiche Göttinnenfiguren im arabischen Raum (Isis, Astarte, Ishtar usw.), in Griechenland, in Anatolien, im Römischen Reich, im keltischen England, Wales, Schottland, Irland, auf den Orkneyinseln, in Skandinavien und in Osteuropa.

Mit dem Beginn des Christentums soll mit dem Göttinnen- und Götterkult Schluss sein, doch das Volk zieht nicht mit. Die Frauen wollen ihre Göttin. Ausgerechnet in Ephesos, dem Hauptkultort der Diana-Artemis, beschließt das Konzil der katholischen Kirche rund 600 Jahre nach ihrer Gründung einen Kompromiss: Es gibt zwar keine Göttin, aber eine »Mutter Gottes«.

Maria löst zwar die Göttinnen ab, doch die Kulte der alten Göttinnen bleiben an ihr haften, ebenso wie die Attribute: der Sternenmantel der ägyptischen Nut, die Mondsichel der Isis, die Mandel als Symbol der Vulva, die sie sogar in einigen wenigen romanischen Kirchen präsentiert. Sie trägt den Granatapfel der Kybele-Kubaba, den Beifuß der Artemis, und in der Folge der dreifachen Göttin (die Junge, die Mutter, die weise Alte) macht es dann natürlich im Grunde nur Sinn, dass Jesus ein Mädchen ist: Anna, die Großmutter, Maria, die Mutter, und Christa, das Kind.

Bis heute pilgern vor allem Frauen zu den Marienheiligtümern, doch auch die alten Göttinnenplätze werden noch aufgesucht, oft heimlich.

Es ist wichtig, dass wir uns dieser Vergangenheit, die ich hier nur andeuten konnte, und der damit verbundenen Entmachtung bewusst sind. Wir gestalten die Zukunft aus der Vergangenheit, und je machtvoller diese in unserem Bewusstsein ist, desto machtvoller kann die Zukunft sein. Indem wir uns im nun folgenden Raunachtsprogramm bewusst mit den Energien der starken Frauen verbinden, verbinden wir uns bewusst mit dem Fluss der Ahninnen und der wilden und ureigenen Kraft in jeder von uns.

Das Raunachtsprogramm

Die Vorbereitung

Um jede Nacht mit einer Energie in Verbindung zu kommen, ist es gut, einen Platz herzurichten, an dem du dich sicher und wohlfühlst.
Sorg dafür, dass du eine Weile, so lange, wie du eben brauchen willst, ungestört bist.

- Lege an diesem Platz etwas zum Schreiben bereit.
- Es ist hilfreich, einen Tee zur Seite zu haben; genug Flüssigkeit hilft dem Körper immer und ganz besonders, wenn es etwas zu klären gibt. Wenn Thymian oder Salbei zu bitter sind, kann es auch Zitronenmelisse sein. Ich mag auch Ingwer.
- Du solltest vorher nicht üppig essen, sonst ist der Körper mit Verdauen beschäftigt und der Geist nicht so frisch und frei.
- Beginne jede Raunachtsmeditation möglichst zur gleichen Zeit.
- Setze dich auf deinen Platz und werde dir deiner Atmung bewusst.
- Komm an, komm in Kontakt mit dir. Es muss nichts Besonderes passieren, du musst nichts Spezielles tun, sei einfach mit dem, was gerade ist.

- Begutachte dann das Thema, das in dieser Raunacht ansteht. Was drückt, was nervt, was reibt? Wo sind die Widersprüche? Was steht dem Glücksgefühl im Weg?
- Lass dich auf das Thema ein und nimm Kontakt zu der Göttinnenenergie auf, die das Thema begleitet.
- Wie rufst du eine Göttin? Wie kommst du mit ihr in Verbindung? Du kannst ihren Namen singen, flüstern, laut rufen oder ein Bild von ihr zeichnen oder malen. Es geht ja nicht darum, dass irgendwo da oben im Himmel eine Göttin sitzt, sondern darum, dass eine bestimmte Energie in dir selbst auftaucht.
- Lass dich einfach auf die Energie ein, ohne etwas zu wollen. Es muss nichts »herauskommen« bei diesen Meditationen. Es geht nur darum, sich mit dem jeweiligen Thema und der Göttinnenkraft ohne Wertung, ohne Urteil zu beschäftigen, zu befreunden. Du wirst sehen, dass allein das einen entscheidenden Unterschied machen wird.

1
Die erste Raunacht

Wofür übernehme ich Verantwortung?

In der ersten Raunacht geht es um Eigenverantwortlichkeit. Wofür übernehme ich Verantwortung? Wovor weiche ich aus? Wofür bin ich verantwortlich? Wie gehe ich mit Verantwortung um?

Von Fahrerflucht bis zu einem Glas im Supermarkt, das runterfällt und heimlich weggeschoben wird – ausweichen ist beliebt, weil die Folgen der Verantwortung nicht so bequem sind. Die Verbindungen und Verwicklungen im Alltag sind so komplex, dass ein Eingeständnis einer dummen, falschen oder kriminellen Tat so viele Folgen nach sich zieht, dass dann Ausweichen die beste Lösung scheint.

In der ersten Raunacht erlauben wir uns, all diese Situationen und Geschehnisse, die wir in unserem Herzen angehäuft haben, wertfrei zu betrachten. Wir machen eine Art Bestandsaufnahme, spüren hinein und überprüfen, wofür es Zeit ist, Verantwortung zu übernehmen. Wenn es uns gelingt, nicht zu werten, sondern es uns einfach genau anzuschauen, werden wir erkennen, dass die Folgen für uns noch viel krasser sind, wenn wir die Verantwortung nicht übernehmen.

Lügen gehören auch in diese erste Raunachtsmeditation. Wann lüge ich? Warum lüge ich? Will ich es mir leicht machen, will ich nicht zu dem stehen, was ich tatsächlich denke, oder ist es manchmal einfach sinnvoll, nicht die ganze Wahrheit zu sagen? Es geht hier nicht um Schuld – es geht um Genauigkeit. Anderen gegenüber kann man natürlich immer sagen: Ich war's nicht, das war schon so, als ich kam. Aber wie steht es mit der eigenen inneren Wahrheit. Wenn ich lüge, weiß ich ja, dass ich lüge. Das heißt, ich verstricke mich. Warum also kann ich die Wahrheit nicht sagen? Warum übernehme ich nicht die Verantwortung für etwas, was ich doch offensichtlich zu verantworten habe?

Ich traf einmal einen Mann, der mir eine schlimme Geschichte anvertraute: Als Kind spielte er mit einem anderen Jungen, dem Sohn eines Bauern, in deren Scheune. Sie zündelten. Er erschrak und ließ die Schachtel mit Streichhölzern fallen, die das Heu in Brand setzte. Er lief nach Hause. Die ganze Scheune brannte ab. Der Bauernjunge wurde bestraft, sein Leben geriet danach völlig aus dem Gleichgewicht. Doch dieser Mann gestand ein Leben lang nicht, dass er schuld gewesen war, und sprach sich mit dem Kindheitsfreund nie aus, entschuldigte sich nie. Tatsache ist, dass er ein Leben lang diese Lüge mit sich trug, davon alkoholkrank wurde, wie er mir sagte, und offenbar so sehr darunter litt, dass er mir, einer Frau, die er nicht kannte, die ganze Geschichte erzählen musste, um sie loszuwerden.

Es ist wichtig zu wissen, warum man lügt. Ist es Feigheit? Ist es Bequemlichkeit? Ist die Verantwortung zu bedrückend?

Wenn das Herz frei von Schuldgefühlen und Zweifeln werden soll, muss Klarheit her. Schonungslos, aber verständnisvoll. Selbstvorwürfe sind nicht die Lösung, die bringen nämlich nichts ans Licht und erzeugen nur Selbstmitleid. Beherzt reinen Tisch machen ist in der ersten Raunacht gefragt. Es geht darum, die Lüge wahrzunehmen. Wir sind normalerweise schnell dabei, ein Urteil zu fällen, das »Fehlverhalten« einzuschätzen und zu verurteilen. Doch jetzt geht es nur um die Wahrnehmung, darum, es auszuhalten: Ich habe gelogen. Ich hatte Angst vor der Wahrheit, oder ich habe mich für die Wahrheit geschämt.

Die Göttin Babajaga

Babajaga begleitet diesen Prozess. Sie ist eine Ernte- und Wintergöttin. Wie viele mächtige Urgöttinnen repräsentiert sie Macht, Entschiedenheit. Sie verkörpert die dreifache Göttin, dargestellt durch die Farben Weiß, Rot, Schwarz. Babajaga verlangt bedingungslose Wahrhaftigkeit, damit ist nicht eine absolute Wahrheit gemeint, die es nicht gibt, sondern Wahrhaftigkeit im Herzen. Babajaga ist keine Sozialarbeiterin, die Wehleidigkeit fördert. Ursprünglich wurde der osteuropäischen Großmuttergöttin Babajaga das letzte Kornbündel nach der Getreideernte auf dem Feld gewidmet. Manchmal wurde sie sogar als Getreidebündel dargestellt. Nahrung. Das Wesentliche.

Doch dann veränderte sich etwas. Weil Babajaga keine gemütliche, gnädige, liebevolle, mütterliche, beschützende Kraft war, weil sie genau hinschaute und die reine Wahrheit forderte, wurde sie so langsam zur bösen Hexe. Überall in Europa, Amerika und Russland wurden im Mittelalter Frauen, die sich nicht unterwerfen wollten, zu Hexen, die verfolgt und getötet wurden. Babajaga wurde nun nicht mehr verehrt, sondern gefürchtet.

Von Babajaga heißt es, dass sie einen Schädel besitzt, aus dem Licht strahlt. Das Licht sei das Licht der Wahrheit, und alle, die

nicht wahrhaftig seien, müssten tot umfallen. Das halte ich für einen stark übertriebenen Mythos, denn dann dürfte auf dieser Welt wohl niemand mehr leben. Es ist eher symbolisch zu verstehen. Wir gehen nicht zu Babajaga und beklagen uns, weinen, jammern: »Ich konnte doch nicht anders«, »was hätte ich denn sagen sollen« usw. Das interessiert Babajaga kein bisschen. Sie stellt uns drei Aufgaben, die erledigt werden müssen. Und auch diese Aufgaben sind symbolisch zu verstehen. Nicht um Strafe geht es oder gar um Verzeihen, sondern eher darum zu verstehen, wie das Unmögliche möglich wird, das Unaussprechliche ausgesprochen, das Unfassbare gefasst werden kann.

Es ist sozusagen eine Meditationsanleitung, die nicht linear funktioniert, also nicht: Du hast gelogen, jetzt soll es dir leidtun, und dann ist alles wieder gut. Sondern: Du kommst zu mir. Bei mir gibt es nur Wahrhaftigkeit. Widme dich meiner unlösbaren Aufgaben, sprich: konzentriere dich auf die vielen Wirklichkeitsebenen, in denen alles gespeichert wird, in denen jede Handlung, jedes gesprochene Wort abgebildet ist, und fülle das Fass ohne Boden. Da es nicht die eine Wahrheit gibt, ist es sinnvoll, Wahrheitsebenen, Wirklichkeitsebenen anzuschauen. Es geht um Wiederholung, um die Welle der Erkenntnis, die immer wieder strömt. Das Licht der Wahrheit – es kommt mit einem Lächeln: So bin ich, und das ist gut.

Ritual der Befreiung

Der erste Schritt: Schreibe auf, nur für dich, wo das Problem liegt, welcher Verantwortung du dich am liebsten entziehen möchtest. Bedrückt dich eine Lüge, eine Schwindelei, hast du einer Person damit wehgetan, Schaden zugefügt, dann schreibe das auch auf. Es geht eben auch darum, es auszuhalten, die Wahrheit zuzugeben, zu formulieren, ohne sentimental zu werden.

Dann kann in einem Ritual der Zettel verbrannt oder einem fließenden Gewässer anvertraut werden. Eine positive Wirkung dieses Rituals könnte sein, dass du es aussprechen kannst, ohne gleich wieder in Selbstvorwürfe zu verfallen oder dich selbst anzuklagen. Es geht einfach nur darum, die Tatsache festzustellen: Ich habe gelogen. Dafür übernehme ich jetzt die Verantwortung.

2

Die zweite Raunacht

Welche Schmerzen belasten mich?

In der zweiten Raunacht geht es um Schmerz und um Scham. Welche Schmerzen erleide ich? Welche füge ich anderen zu? Welche körperlichen und seelischen Schmerzen belasten mich, und wie gehe ich mit ihnen um? Wem tue ich weh, wofür schäme ich mich?

Hier geht es um Gemeinheit, Demütigung, mangelnden Respekt. Wir haben uns daran gewöhnt, missachtet zu werden, manche schon seit ihrer Kindheit, andere erleben Demütigungen, Spott, Zynismus in Beziehungen oder in der Familie. Es geht auch um Missbrauch und darum, dass Frauen, die Gewalt und Missbrauch erlitten haben, sich dafür absurderweise schämen.

Viele körperliche Probleme resultieren aus mangelndem Respekt, Demütigung oder Überforderung. Deshalb ist es wichtig, im eigenen Leben aufzuräumen und sich selbst klarzumachen, was man schon viel zu lange zulässt, ohne sich zu wehren, ohne Klartext zu reden. Es geht um Demütigung und Herabsetzung, darum, nicht für das geachtet zu werden, was man ist, was man tut; es geht um die Qual der täglichen Nadelstiche.

Jemandem solche zuzufügen ist ebenso schlimm, wie diese Person körperlich zu verletzen. Wer das tut, muss sich fragen, aus welchem persönlichen Mangel diese Haltung kommt, denn wir erzeugen das Leid anderer aus Schwäche und nicht aus Stärke. Wenn wir glücklich sind, müssen wir andere nicht quälen.

Die Ehe meiner Eltern war unglücklich. Meine Mutter wurde von meinem Vater wegen jeder Kleinigkeit zurechtgewiesen oder gar geschlagen, und meine Mutter dachte lange Zeit, sie sei schuld, sie mache alles falsch und müsse die Demütigung und die Gewalt wegen ihrer Kinder, also meiner Schwester und mir, aushalten. Die Schwester meiner Mutter war ein anderes Kaliber. Einmal schnauzte mein Vater sie an. Sie hängte die Küchentür aus und knallte sie ihm auf die Füße: »So sprichst du nicht mit mir.« Und das machte er dann auch nicht mehr. Ich nehme an, dass meine Mutter aus dieser Erfahrung und mithilfe meiner Oma und meiner Tante die Kraft fand, meinen Vater an die Luft zu setzen.

Demütigung und Erniedrigung erfordern zuallererst die Erkenntnis, dass sich so eine Situation nicht automatisch lösen wird. »Er meint es nicht so«, sagen Frauen häufig nach einer Gewaltattacke. Doch. Er meint es so. Und er braucht eine Grenze, kein

Verständnis, keine Unterwerfung. Menschen, die andere quälen, müssen in ihre Schranken gewiesen werden, und es ist sinnvoll, sich Hilfe zu holen.

Es geht in dieser Raunacht also um das Erkennen von Schmerz. Wo und wie bin ich daran beteiligt, was akzeptiere ich, ohne mich zu wehren? Wo und wann und wie brauche ich es, andere zu verletzen, kleine oder scharfe Spitzen auszuteilen, jemanden zu demütigen? Es geht darum, wahrzunehmen, ohne diese Wahrnehmung mit Energie zu nähren.

Der Schmerz, den ich anderen zufüge, ist auch mein Schmerz, mein Mangel.

Ein magisches Gesetz besagt, dass alles, was du aussendest, mit dir verbunden bleibt. Wenn du hasst, ist es dein Hass, wenn du liebst, ist es deine Liebe.

Die Weidenfrau

Die Helferin in diesem Prozess der Schmerzauflösung ist die Weidenfrau, die Salige. Salige Frauen sind vor allem im Alpenraum bekannt. Es gibt viele Mythen über sie. So sagt man, dass sie Kinder entführten und sie in den unerforschten Höhlen der Berge lehrten und heilten und wieder entließen. Paracelsus gab zu, dass er alles, was er wusste, von den Saligen Frauen gelernt hatte. Die Saligen gab es wohl wirklich in den Alpen, sie hatten sich vor den Mächtigen in die Berge zurückgezogen, doch wurden sie aufgesucht, wenn Heilung nötig war und niemand helfen konnte.

Hildegard von Bingen, die Mystikerin, die als Kind in einer Klause lebte, lernte von den Saligen und den Wildfrauen, die ans Fenster der Klause kamen und ihr Wissen mit ihr teilten.

Die Weidenrinde enthält Salicylsäure, den Wirkstoff, aus dem Aspirin entwickelt wurde. So sind die Saligen Frauen auch die großen Heilerinnen, die Schmerz lindern können.

Ich kann sie rufen, ich kann mich unter eine Weide setzen und die Energie spüren, die von ihr ausgeht, oder auch einen kleinen Zweig kauen, um die bittere Kraft zu spüren.

Ritual der Befreiung

Biegsam sind die Zweige der Weide. Besorg dir einen Weidenzweig oder imaginiere eine Weide, ihre Biegsamkeit, ihre wunderbare gelbe Farbe im Frühling, ihre wässrige Konsistenz. Atme tief und genüsslich und löse alle Gefühle und alle Qualen, indem du dir einen Wasserstrom vorstellst, der alles mitnimmt, was du lösen willst. Mit dem Einatem schwillt der Wasserstrom in dir an, mit dem Ausatem fließt alles ab.

Diese Meditation erfordert ein genaues Hinschauen, wo ich andere bewusst oder unbewusst verletze, aber auch, wo ich selbst verletzt werde und es womöglich verdränge.

Vielleicht magst du diese Meditation als Tanz gestalten, biegsam, flexibel, weich, leicht. Lass alle Qualen fallen, lass alle Schmerzen ruhen und genieße es, ganz bei dir zu sein.

3
Die dritte Raunacht

Wie ist mein Verhältnis zur Natur?

In der dritten Raunacht geht es um die Natur, um die Erde selbst. Jenseits von kitschigen Bekenntnissen und pseudoumweltfreundlichen Handlungen kommt es jetzt darauf an, ganz genau wahrzunehmen, wie dein Verhältnis zur Natur, zu Pflanzen, zu Tieren ist. Wie gehst du mit der Natur in dir selbst, in deinem Körper um? Wie mit Wasser, Erde, Luft, Bäumen, Pflanzen? Beachtest du deinen Körper erst, wenn er schmerzt oder wenn du ihn dekorieren musst?

Die meisten Menschen haben ein pseudoinniges Verhältnis zu Delphinen, zu den herzigen Koalabären, zu süßen kleinen Lämmern usw., essen jedoch gleichzeitig ohne Probleme zum Beispiel Lammkoteletts oder Thunfisch (der mit Netzen gefangen wird, in denen sich eben oft auch Delphine verfangen). Motten, Flöhe, Wanzen oder Kakerlaken haben sowieso keine FürsprecherInnen, Natur hin oder her. Dass jedoch alle Lebewesen zunächst einmal für sich leben und alle zusammen ein sehr komplexes und stimmiges Lebensuniversum bilden, wollen Menschen oft nicht akzeptieren. Leben darf, was uns nützt, daher auch der Ausdruck »Nutztiere«.

Nun geht es nicht darum, in Selbstvorwürfe zu fallen und depressiv zu werden, sondern wie bei allen anderen Raunachtswahrnehmungen auch um das genaue Hinschauen. Und das fängt beim eigenen Körper an. Nahrung, Haut, Verdauung, Wasserhaushalt: Wie esse ich? Wie viele Medikamente nehme ich? Wie behandle ich meine Haut? Welche Gewohnheiten und Süchte treiben mich an? Anstatt das zu bewerten, reicht es, einfach hinzuschauen und – zu atmen!

Ja, wir sind inkonsequent, wir fahren mit Autos, wir fliegen vielleicht in den Urlaub, wir heizen die Wohnung schön warm, wir denken nicht darüber nach, dass das Fleisch, das ein Hund im Jahr frisst, CO_2-technisch einem SUV gleicht. Schau hin. Gib es zu. Nimm es wahr.

Wo erzeuge ich wie viel Müll? Und jetzt geht's tatsächlich nicht gleich darum, Müll zu vermeiden, sondern, deinen Lebensstil wahrzunehmen. Ehrlich zu sein, authentisch. Das hilft dir, dich und deine Gewohnheiten besser kennenzulernen. Der Lebensstil ist oft in zwei Bereiche getrennt: Hier lebe ich meinen Alltag mit Auto, Heizung, Müll usw., dort lebe ich mein romantisches, ja oft kitschiges Naturverständnis. Ich hole mir die Natur so, wie ich sie gerade gern möchte. Ich bewundere einen Sonnenuntergang, Spinnen landen im Staubsauger, Fliegen auf der Fliegenklatsche. Alles ist Natur, oder?

Wir leben unbeschwert mit einer erstaunlichen Doppelmoral.

In Bayern, wo ich lebe, gibt es sehr viele umweltbewusste Menschen, die ihren Müll korrekt trennen. Immer wieder fand ich im Biomüll Plastiktüten mit Restmüll. Ich war sehr überrascht, als ich einmal wahrnahm, dass gerade die Frau, die am penibelsten Müll trennte, eine Plastiktüte aus dem Supermarkt in den Biomüll warf. Das kommt vor. Darauf steht bei uns nicht die Todesstrafe, es ist also nicht angebracht, da jetzt ein Riesentheater zu machen. Dennoch finde ich es interessant wahrzunehmen, dass es diese Fehlleistungen gibt, und sie eben nicht zu bewerten. Ich habe auch schon Müll ungetrennt weggeworfen, doch ich werfe mir das halt nicht vor, sondern nehme es wahr und nehme mir vor, in Zukunft besser aufzupassen.

Mach eine ehrliche Bestandsaufnahme, schau genau hin, ohne zu urteilen. Schau genau hin im Außen, in deine täglichen Handlungen und spür auch in deinen Körper, in deine Natur, wie gehst du mit dir selbst um? Sei offen für alles, schließe nicht aus, nimm wahr.

Die Erdgöttin Gaia

Die Begleiterin ist Gaia, die Erdgöttin, ja die Erde selbst. Sie erscheint in jeder Pflanze, in Steinen, in der Erde, im Tau, in den Düften. Wer sich mit Gaia verbündet, wird die Natur, die Wesen der Natur mit anderen Sinnen wahrnehmen, denn in der Begegnung mit Gaia, im Erleben ihrer Kraft in allen Wesen verändert sich das Verhältnis zu ihr.

Die Bärin, die Bärmutter, ist eine Urmutter, die seit Jahrtausenden die Urkraft der Erde repräsentiert, nährend und wild, die seit dem Beginn menschlicher Kultur von Menschen verehrt wird. In steinzeitlichen Höhlen wurden Bärenschädel als spirituelle Dekoration an besonderen Plätzen gefunden. Oft wird auch die Gebärmutter mit der Bärmutter gleichgesetzt – die Lebenserzeugerin par excellence! Wenn wir die Bärin als Repräsentantin der Erde verehren, dann akzeptieren wir eben auch die wilde Natur, die nicht lieblich und zartfühlend ist.

Ritual der Befreiung

Es geht in diesem Ritual um die Befreiung von Seelenmüll, Beleidigungen, Erniedrigungen, Gier, Belastungen, Abhängigkeiten. Natürlich löst kein Ritual all das auf einmal, doch lohnt es sich, entschlossen alles einmal loszulassen.

Das geht am besten, indem man sich eine Liste macht mit dem eigenen Seelenmüll, das Wort bewusst in den Mund nimmt, einen Schluck Wasser nimmt, im Mund behält und sich konzentriert, für was dieser Schluck steht, dann spuckt man ihn aus. Am besten ins Klo.

Zur Vorbereitung kannst du einen sehr bewussten Gang durch die Natur, durch den Wald machen, bei dem jeder Müll, der aufgefunden wird, mitgenommen und danach entsorgt wird.

Ich habe diese Gehmeditation sehr oft gemacht, als ich auf dem Land lebte. Einmal kam ich mit zwei Tüten voll weggeworfenem Zeug wieder zurück und begegnete einem Ehepaar, das spazieren ging. Die Frau sagte zu ihrem Mann: Schau hin, die schmeißt jetzt ihren Müll gleich in den Wald.

Bei diesem Ritual geht es nicht darum, zu schimpfen, wer alles was wegwirft, sondern einfach nur darum, die Natur in ihrer Schönheit wahrzunehmen und diese zu ehren, indem »Fremdkörper« entfernt werden. Was wir im Außen tun, tun wir auch in unserem Inneren.

4
Die vierte Raunacht

Wie setze ich Grenzen?

In der vierten Raunacht beschäftigen wir uns mit unseren Grenzen. Wo werden Grenzen ständig überschritten? Wo und bei welcher Gelegenheit gibt es Übergriffe, von wem? Sind sie körperlich oder psychisch? Wie behauptest du deinen Raum? Wo bist du selbst übergriffig, wen belästigst du?

Das Gelingen des eigenen Lebenswegs hängt sehr davon ab, wie wir in der Lage sind, Grenzen zu ziehen und sie zur richtigen Zeit wieder zu öffnen. Oft lassen wir uns überrumpeln und stolpern, weil wir geliebt und akzeptiert werden wollen, in eine Situation, in der Zuneigung oder Akzeptanz geheuchelt, doch in Wirklichkeit Konkurrenz, Neid und Hass gelebt werden. Wenn wir darauf emotional einsteigen, haben wir schon verloren, denn so eine Situation erfordert kühle Analyse: Wie komme ich da wieder heraus?

»Ich suche meinen Weg, ich weiß einfach nicht, wie es weitergehen soll«, schrieb mir eine Frau. Sie hatte gerade ihren vierzigsten

Geburtstag gefeiert und stand nun ratlos in einer offenbar aussichtslosen Situation.

»Wie war denn dein Weg vorher?«, fragte ich zurück. »Welche Entscheidungen hast du getroffen? Wer hat dich geliebt, anerkannt, beleidigt, ignoriert? Wie hast du darauf reagiert?«

Das sind Markierungen auf dem Weg, den du gehst. Wir sind alle auf einem Weg, der sich zwar verändert, aber durch unsere Vorlieben, Ängste, Fähigkeiten, Unsicherheiten definiert ist.

Genau hinzuschauen und es aushalten, ohne zu bewerten, ohne uns selbst dabei anzugreifen, auch wenn's wehtut, ist die einzige Möglichkeit, um nicht nur den Weg wahrzunehmen, sondern ihn auch zu verändern, wenn das wünschenswert ist.

Wie ist mein Weg? Wie gehe ich meinen Weg? Meinen eigenen Weg, nicht den, der mir von anderen vorgeschlagen oder gar aufgezwungen wird. Bin ich mir überhaupt bewusst, dass ich einen Weg eingeschlagen habe, indem ich manches tue und anderes lasse? Wie sieht mein Weg aus??

Wie gehe ich mit Übergriffen um, fühle ich mich belästigt, angegriffen, beleidigt? Und wie antworte ich darauf? Menschen, die gestalkt, belästigt oder gemobbt werden, lassen eine Eingangspforte offen. Die kann Verständnis für eine schwierige Situation oder auch die Illusion sein, die andere Person »zur Vernunft zu bringen«. Bei Übergriffen geht es immer auch um Grenzensetzen. Für StalkerInnen ist die Grenze wohl eine Anzeige. Für Mobbing und ständige Grenzüberschreitungen wären unerschütterliche Gelassenheit und Entschlossenheit keine schlechte Idee. Wenn Kommunikation nicht möglich ist, weil jedes Wort verdreht wird, ist es sinnvoll, wenige Worte zu benutzen oder die Kommunikation (wenn's denn möglich ist) einzustellen.

Wie und wo kommst du an deine Grenzen? Was erträgst du nicht mehr, musst es vielleicht schon zu lang ertragen? Warum hältst du es noch aus? Wie kommst du da raus? Wo überschreiten andere deine Grenzen, und wo ist dein Anteil dabei? Wo gibt es Übergriffe auf deine Gefühle, auf deine Arbeit, auf deinen Alltag? Gelingt es dir nicht, andere in ihre Schranken zu weisen und zu verhindern, dass deine Lebenskraft angegriffen wird?

Sehr oft finden diese Übergriffe in der Familie statt, wo man sich nicht schützen kann, weil man da eben sehr offen ist und Zuwendung und Bestätigung erwartet, erhofft. Wenn es in der Familie, im FreundInnenkreis oder am Arbeitsplatz zu Demütigungen und emotionalen Übergriffen kommt, fühlt man sich diesen Anfeindungen besonders stark ausgeliefert. Eine sachliche Analyse der Situation und natürlich auch der eigenen Verstrickung darin ist auf jeden

Fall der Beginn der Lösung. Ich kann andere nicht verändern, aber sehr wohl mein eigenes Verhalten, meine Strategie und auf eine Art auch mich selbst.

Die Wegbegleiterin Ganna

Die Begleiterin auf diesem Weg ist Ganna, die Wegbereiterin. Als sie ein Säugling war und in einem Strohkörbchen am Waldrand schlief, während die Mutter mit anderen Frauen Wildgemüse sammelte, kam eine Raubkatze und wollte das Kind stehlen. Ganna sah das Tier ernsthaft an, und es wich zurück. Das galt den Frauen auf dem Feld als Zeichen, dass sie besondere Kräfte, einen besonderen, wegweisenden Blick hatte. Schon früh machte sie sich auf den Weg, den Stab in der Hand, studierte die Pflanzen und die Tiere und wurde zu einer weisen Frau und Beraterin des germanischen Königs Marke, mit dem sie nach Rom wanderte, wo sie sehr verehrt wurde. Es heißt, Ganna sprach die Sprache der Römer oder konnte sich jedenfalls mit den Menschen verständigen. Sie wurde auch in Rom um Rat und Hilfe aufgesucht, obwohl die Germanen als Feinde der Römer galten.

Ritual zur Befreiung

In diesem Ritual kannst du dir eine Schutzhülle vorstellen, die nicht nur dir selbst bewusst ist, sondern auch auf andere wirkt. Du legst dich an deinem ruhigen, ungestörten Ort bequem hin, gehst in der Imagination durch den ganzen Körper und entspannst ihn.

Du fängst bei den Füßen an und denkst oder sagst leise: Meine Füße sind entspannt; dann wanderst du von den Füßen zu den Knien, den Schenkeln, zum Unterleib, zum Rücken, zu den Schultern, den Armen, zum Nacken und zum Schluss zum Kopf.

Dann stellst du dir eine Schutzschicht vor, die deinen ganzen Körper umgibt. Das kann Licht oder Fett sein, Blüten oder eine dicke Haut, ein Tierfell, vielleicht von einem Tier, das du besonders magst. Konzentriere dich einfach auf eine Substanz, die dir Schutz und Wohligkeit vermittelt.

Zum Schluss atmest du tief und kräftig, machst dir bewusst, was dir fehlt, was dich nährt, und kommst wieder im Raum an – du stehst zu dir, zu dem, was du brauchst, und trittst hinaus in eine neue Freiheit.

Ich wurde einmal von vielen Wespen gestochen, weil ich in ihr begonnenes Bauwerk aus Versehen hineingefasst habe. In dieser Nacht träumte ich, dass ich von summenden Wespen von Kopf bis Fuß umgeben bin. Ein Schutzkreis aus Wespen – sehr mächtig.

Im Bayrischen gibt es den Spruch: Drei Meter vom Leib oder i speib! Auch ein fantastischer Abwehrzauber.

5
Die fünfte Raunacht

Wie lebe ich wirklich?

In der fünften Raunacht ist das Thema Mangel und emotionaler Hunger.

Worum geht's eigentlich im Leben? Was ist essenziell? Was mache ich mir vor, und wie lebe ich wirklich? Es ist die Meditation über die Quintessenz.

Neid und Eifersucht sind gute Beraterinnen, denn sie zeigen dir, wo du an einem Mangel leidest. Meistens denken wir im Alltag ja nicht so viel darüber nach, was wir verändern sollten, um wirklich glücklich zu werden. Es gibt sogar Menschen, die behaupten, die Forderung nach Glück im Leben sei reaktionär, denn es gehe in Wirklichkeit darum, das Leben gut zu bewältigen, und man könne ja nicht erwarten, dass es dann auch noch ein glückliches Leben sei. Doch tatsächlich geht es genau darum, denn ein glücklicher Mensch muss weder neidisch noch eifersüchtig sein, muss nicht mit Geld und Besitz ausgleichen, was an Freude und Glück fehlt. Wohlstand ist eben nicht materieller Reichtum, sondern wohliges Stehen im Leben.

Auf dem Weg zu dieser Wohligkeit ist es nützlich, die beiden Begleiterinnen Neid und Eifersucht genauer zu betrachten, ohne in Selbstvorwürfe zu verfallen und sich klein und wertlos zu fühlen. Neid und Eifersucht sind die giftigen Schwestern der Liebe, denn was ich liebenswert, erstrebenswert, lebenswert finde, nährt mich ja nur, wenn ich es »haben« kann, wenn es Teil meines Lebens sein kann. Da, wo es mir verwehrt ist, wo ich selbst nicht klar genug bin oder vielleicht sogar zu faul, um mich diesem Erstrebten zu nähern, kippt die Sehnsucht eben gern in Schuldzuweisung um. Jemand muss schuld sein, wenn mein Wunsch nicht erfüllt wird, wenn ich nicht bekomme, was ich unbedingt will. Und was hat die, was ich nicht habe, warum bekommt die etwas, das mir verwehrt wird?

Sehr schnell schlägt auch eine einfache Tatsache in eine Verschwörung um. Wenn man schon dulden muss, dass andere etwas bekommen, was man selbst gerne hätte, dann muss da was faul sein.

Auch verschmähte Liebe fließt wie Blei durch die Adern. Eben noch im Liebesrausch werden die zärtlichen Worte plötzlich einer anderen Person serviert – bitter. Doch nur wenn wir ganz genau hinschauen und aus Veränderungen keinen persönlichen Angriff stricken, werden wir es schaffen, aus Neid und Eifersucht herauszuwachsen und in heiterer Gelassenheit auf das zu bauen, was wir sind und können.

Auch die Auseinandersetzung mit Trauer, Tod oder Krankheit, Einsamkeit und Verlust kann hier Thema sein. Wie können wir, ohne alles zu verdrängen, unseren Frieden mit diesen Kräften und mit Schicksalsschlägen finden?

Eine Freundin nahm an einem literarischen Wettbewerb teil. Ich fand, da gehe es um Werbung für diese Firma und nicht so sehr um Literatur. Sie gewann den Preis nicht, und ausgezeichnet wurde eine sehr banale, werbemäßig stromlinienförmige Geschichte. Die Freundin war sehr enttäuscht, weil sie es sich wirklich nicht leicht gemacht hatte, und wurde ein wenig bitter vor Neid auf die Frau, die gewonnen hatte, deren Geschichte nicht annähernd so gut war wie die meiner Freundin. Worum ging es also? Da ist der Wunsch nach Anerkennung, die Bemühung, der Ehrgeiz und – der Neid. Eine andere macht das Rennen.

Neid und Eifersucht nagen am Selbstwertgefühl. Warum die andere? Warum nicht ich? Warum der, der gar nichts kann? Die Situation genau anzuschauen, eine Lösung für die eigene Kreativität, für die eigenen Bedürfnisse zu finden, ohne die Bitterkeit zuzulassen, ist jetzt entscheidend.

Wenn man neidisch oder eifersüchtig ist, hat man bald auch

Schuldgefühle, macht sich Vorwürfe, nicht gelassen genug, nicht großzügig zu sein. Besser ist es, wenn man sich selbst verzeiht – und den Neid einfach akzeptiert. Ich bin neidisch. Das ist okay – das zeigt mir, wo ich hinwill. Ich bin eifersüchtig – verständlich, aber nicht zu ändern.

Die drei göttlichen Spinnerinnen

Die Begleiterinnen in dieser Situation sind die drei göttlichen Spinnerinnen Urd Verdandi und Skuld. Urd spinnt den Lebensfaden, Verdandi bemisst ihn, und Skuld schneidet ihn ab. Die drei Spinnerinnen sitzen an der Wurzel des Lebensbaums Yggdrasil. Wenn du Vertrauen in dein eigenes Leben, in den Reichtum deines Lebensfadens, in die Fülle des Lebens haben kannst, musst du weder neidisch noch eifersüchtig sein. Im Sinne der drei Spinnerinnen ist es notwendig, dass du über deine Bedürfnisse und Möglichkeiten nachdenkst, dass du spirituellen Kontakt zu den Spinnerinnen aufnimmst und das magische Wollknäuel betrachtest. Bedeutet der Lebensfaden, dass alles vorgegeben ist? Im Gegenteil, wenn du die Energie dieser drei Spinnerinnen in dir selbst weckst, gestaltest du

ja deinen Lebensfaden ganz aktiv selbst. Die drei Spinnerinnen führen dich immer wieder zu deinem eigenen Leben, zu deinem eigenen Lebensfaden.

Nicht das, was andere tun, ist wichtig, sondern, was du selbst aus deinem Leben machst, zählt. Nicht der Vergleich mit anderen bringt dich in deine köstliche Mitte, sondern die Achtung deiner eigenen Lebensenergie. Nicht der Mangel, den du angesichts anderer Erfolgsgeschichten empfinden magst, nährt dich, sondern die Erkenntnis, dass für dich nur dein Weg, dein Leben, dein Gewebe zählt. Wenn es dir gelingt, deine Gefühle von Mangel und Verlust zu lösen, indem du einfach wahrnimmst, was da ist, und es annimmst, gleitest du in deine ureigene Lebenskraft.

Ritual der Befreiung

Zieh einen Kreis, entweder mit einem Stock in der Luft um dich herum, oder mach einen Kreis aus Schuhen, aus Kleidungsstücken oder, wenn du in der Natur bist, aus Stöcken oder Steinen, die du dort findest.

Nimm jetzt ein Wollknäuel und fang an, Knoten zu knüpfen – für jede Enttäuschung, jeden Verlust, jedes Gefühl von Mangel, für jede Erinnerung an Neid und Eifersucht einen Knoten. Sprich alle diese Situationen aus, ein murmelnder Strom von Neid und Eifersucht, und knüpfe dazu Knoten in die Wolle.

Dann lös die Knoten wieder aus der Wolle.

Wenn alle Knoten wieder frei sind, lös auch den Kreis auf.

6

Die sechste Raunacht

Was will ich verwirklichen?

In der sechsten Raunacht geht es um das Selbstwertgefühl, auch um das Gefühl, nicht zu genügen, nicht gut genug zu sein, nicht schön genug, jung genug, liebenswert genug zu sein.

Oft wird in der Familie, in der Partnerschaft genau das vermittelt. Du machst es falsch, du genügst nicht, schau, wie attraktiv diese und jene Frau ist, du bist eine schlechte Mutter. Dieses mit der Kleinfamilie im Biedermeier geborene Abwerten der Frau, der Mutter, der Partnerin sitzt uns Frauen tief in den Knochen. Die Frau ist »zweite Wahl«, die Macht haben immer noch die Männer, die Frau ist dagegen mit dem Wort »nur« verheiratet.

Sich als Opfer zu sehen, zu fühlen, würgt die Lebenslust ab, nimmt die Luft zum Atmen und macht handlungsunfähig. Deshalb ist es wichtig, die Verletzungen wahrzunehmen und sie zu heilen, indem du dich dort nährst, wo deine Kraftquelle ist, wo du dich wohlfühlst.

Die meisten Menschen haben Angst davor, zu versagen. Seltsamerweise hat niemand Angst vor Erfolg. Der Ehrgeiz treibt zum Erfolg, doch der Erfolg ist oft so zerstörerisch für die Person selbst und ihre Beziehungen zu anderen Menschen, dass man sich wundern muss, dass nicht mehr Menschen den Erfolg vermeiden oder wenigstens im Erfolgserlebnis zurückrudern.

Der Ursprung ist natürlich der Wunsch nach Anerkennung. Wir wollen gesehen, akzeptiert, anerkannt, geliebt werden, wir wollen unsere Fähigkeiten nicht nur entwickeln – sie sollen auch gesehen und belohnt werden. Doch das ist eine schlüpfrige Bahn, die oft in den Abgrund führt. Die Fähigkeiten, die Ideen, die Frauen haben, werden oft genug von anderen übernommen, und der Erfolg bleibt ihnen verwehrt. Wenn Frauen erfolgreich sind, tauchen sogleich die NeiderInnen aus der Versenkung auf. Daher der Spruch: Hinter jedem erfolgreichen Mann stehen zehn Frauen, die ihn unterstützen, hinter jeder erfolgreichen Frau stehen zehn Frauen, die sie runterziehen.

Ich wollte in meinem Leben vieles wagen und hatte auch kein Problem damit, etwas zu wagen, von dem ich wenig Ahnung hatte, zum Beispiel ein feministisches Theaterstück zu schreiben und es auch selbst am renommierten Werkraum der Münchner Kammerspiele zu inszenieren. Drei Tage vor der Premiere rief mich der Intendant zu sich und schlug vor, die Premiere abzusagen. Ich lehnte ab. Keine Frau hatte vor mir dort inszeniert, und schon gar nicht ein eigenes Stück. Es wurde ein Durchbruch auf der ganzen Linie. Ich wurde bundesweit mehrspaltig, auch sehr gemein und unter der Gürtellinie, verrissen. Zuerst hatte ich das Gefühl einer totalen Vernichtung. Nur mit Sonnenbrille und Kopftuch wagte ich mich auf die Straße. Dann wuchs ein anderes Gefühl in mir: Lern draus!

Ich bewarb mich mit den Verrissen beim Deutschen Literaturfonds der Akademie für Sprache und Dichtung für ein Stipendium – und bekam es. Heute sehe ich einen Misserfolg als wertvolle Lehre. Erfolg macht oft dumm, man sonnt sich im goldenen Licht der scheinbaren Anerkennung und wird, sofern es der Erfolg eines Produkts ist, zu neuen Produkten gedrängt, gerät gern auch in einen Sog, will mehr. Mehr!

Misserfolg tut weh, ist aber heilsam. Den neidet dir niemand. Niemand greift dich jetzt an, und du kannst ungestört reifen, ohne die verschlagenen Blicke des Neids ertragen zu müssen. Menschen, die durch einen Misserfolg gegangen sind, können wachsen, können stärker werden – doch nur dann, wenn sie Angriffe nicht persönlich nehmen.

Die Emotion herunterfahren ist auch hier das Mittel, das ein Wachsen möglich macht. Ich bin gescheitert – und wurde gescheiter.

Die Göttin Hel

Die Begleiterin zu diesem Thema ist die germanische Göttin Hel. Sie hütet das Totenreich, aber auch die tödliche Energie. Sie steht an der Grenze zwischen dem Erträglichen und dem Unerträglichen. Wer stirbt, muss über eine glitschige Brücke, Gjallabrur, an deren Ende der »schreiende Stuhl« steht. Darauf sitzend, werden alle Gemeinheiten, alle Lügen, alle Verbrechen, alle Fehler und Widerwärtigkeiten, die jemand begangen, gesprochen, unternommen hat, hörbar. Der schreiende Stuhl schreit sie heraus. Vielleicht ist es auch die Person selbst, die auf diesem Stuhl endlich zugeben kann, was sie angerichtet hat.

Hel ist präsent. Sie tötet nicht, sie richtet nicht, sie legt den Finger auf die Wunde. Sie macht sichtbar, hörbar, spürbar, was IST.

Mit Hel als Begleiterin wird jede Peinlichkeit ertragbar, und Ehrgeiz wird hinfällig. Hel schaut in beide Welten: in die der Lebenden, in der die Menschen versuchen, ihr Leben so gut wie möglich zu gestalten, und in die Welt der Toten, in der die Seelen entweder zur Ruhe kommen oder rastlos wandern müssen.

Wenn du mit der Energie von Hel dein Leben betrachtest, lösen sich Sentimentalität und Wehleidigkeit auf. Du nimmst dein Leben in deine eigenen Hände und gehst kreativ mit den Situationen des Lebens um, sodass du lernen und wachsen kannst.

Ritual der Befreiung

Verbinde dich mit deinem Atem und hülle dich in eine liebevolle Energie. Stell dir nun vor, dass du dein ganzes Leben vom Tod, also vom Ende her aufrollst. Stell dir die Frage: Was wäre, wenn ich morgen stürbe? Was täte mir leid? Was hätte ich gern noch getan? Was würde ich aufgeben? Wie würde ich mein restliches Leben gestalten.

Das kann aufgeschrieben und immer wieder nachgeschaut, oder auch immer wieder neu gemacht werden.

Wenn wir so auf unser Lebens schauen, ist es viel leichter, Sinnloses sein zu lassen.

7
Die siebte Raunacht

Wovor habe ich Angst?

Was bewahre ich in meinem Seelenkeller auf? Welche heimlichen Ängste oder Hassgefühle beeinflussen mein Handeln vielleicht, ohne dass es mir klar ist? Es heißt, dass wir die Angst zum Überleben brauchen. Sie bewahrt uns davor, gefährliche Dinge zu tun, die uns das Leben kosten könnten. Doch die meisten Ängste beziehen sich auf ganz andere Themen wie zum Beispiel die Corona-Pandemie – obwohl bei Wahrung von Distanz und Mund-Nasen-Schutz die Gefahr der Ansteckung gering war, verfielen nicht wenige, vor allem alte Menschen, in Depression und Todesangst. Isolation und Todesangst haben beim Tod der vielen alten Menschen in Heimen womöglich eine große Rolle gespielt.

Angst ist eine mächtige Eismaschine im Herzen, in der Seele. Alles erstarrt, der Blutdruck steigt, die lebenswichtigen Funktionen des Körpers lassen nach. Der Ausdruck »jemanden zu Tode erschrecken« ist keine reine Fantasie. »Du musst dich von dem Dämon beißen lassen, vor dem du am meisten Angst hast«, sagte einmal eine afrikanische Zauberin zu mir. Und bei mir war das nicht die Wanderung durch den Dschungel bei Nacht oder die Konfrontation mit großen Spinnen oder Schlangen, sondern die Bewältigung des Alltags in der Zivilisation.

Manche Menschen fordern diese Ängste heraus. Sie steigen auf Achttausender, tauchen ohne Sauerstoff ins tiefe Meer, springen ins Leere usw. Es gibt auch Menschen, die so viele Ängste haben, dass sie sich kaum aus dem Haus wagen, Angst vor Krankheit, Angst vor anderen Menschen, Angst vor Katastrophen …

Ängste werden von Machthabern gern geschürt, weil Menschen, die viele Ängste haben, leicht zu beherrschen sind. Frauen werden gern mit Horrorstorys gefüttert, ihre Fantasie wird bildreich in Gefangenschaft genommen, bis sie sich nichts als Schrecken vorstellen können und glauben, ein Mann könnte sie beschützen. Dass für viele Frauen die Gefahr von Männern in ihrer Umgebung, ihrer Familie ausgeht, ist zwar eine bekannte Tatsache und Teil der Kriminalstatistik, kommt jedoch nicht immer im Bewusstsein von Frauen an. Die alltäglichen Demütigungen und Einschüchterungen sind so stark, dass sie kaum noch wahrgenommen werden.

Ich stehe am Bahnsteig und warte auf den Zug. Da steht auch ein Mann mit einem Jungen. Sie unterhalten sich über Züge und Lokomotiven. Der Zug wird angekündigt. Jetzt wird der Junge unruhig. Wo ist denn die Mutter? Der Zug fährt ein. Der Mann fängt nun an, die Frau, die noch gar nicht da ist, zu beschimpfen. Die Frau kommt die Treppe hochgekeucht. Sie hat die Fahrkarten gekauft. Als sie oben ist, fährt der Zug weg. Der Mann hat sich in Rage geredet und schreit nun die Frau an. Der Junge weint. Die Frau entschuldigt sich. Der Mann schreit sie noch eine Weile an und wendet sich dann ab, geht die Treppe hinunter, und ich sehe, wie er vor dem Bahnhof eine Zigarette raucht. Die Frau macht sich Vorwürfe. Der Junge klagt sie mit hoher Stimme an. Sie entschuldigt sich.

Eine ziemlich alltägliche Situation, in der eine Frau, die überhaupt nichts falsch gemacht hat, zur Schuldigen wird. Wieder alles falsch gemacht! Wieder spricht ER nicht mit ihr. Wieder hasst das Kind sie. Die Mutter: schuldig. Angst steigt auf. Vielleicht straft er sie. Vielleicht verlässt er sie. Vielleicht betrinkt er sich und schlägt sie. Viele Frauen leben in dieser ständigen Angst, gedemütigt, angegriffen, verachtet, geschlagen zu werden, und können sich aus der Situation nicht befreien, in der die Frau immer »falsch« ist.

Männer sind nicht wie Frauen, sie verstehen das komplexe Universum von Frauen nicht, und das müssen sie auch nicht. Es geht immer um Respekt, ob von Männern oder von Frauen. Wir haben zu akzeptieren und zu respektieren, dass es Eigenschaften, Gedanken, Kräfte gibt, die wir nicht nachvollziehen können. Menschen, die eine Bindung eingehen, machen sich oft nicht klar, dass da zwei Welten aufeinanderprallen, die sehr unterschiedlich sind. Das wird meistens erst virulent, wenn Probleme auftauchen, wenn Kinder kommen, wenn das Geld knapp wird, wenn der Druck zu groß wird. Wenn wir da um unsere eigenen Ängste wissen, um die Schattenseiten in unserem Seelenkeller, lassen wir uns nicht so schnell mit Ängsten manipulieren und setzen auch andere nicht durch Ängste unter Druck. Der Dalai Lama hat einmal gesagt: »Die wirklich mutigen Menschen sind nicht diejenigen, die keine Angst haben, sondern diejenigen, die ihre Angst gut kennen.« Wenn wir uns unsere Ängste vertraut machen, uns von dem »Dämon beißen lassen, vor dem wir am meisten Angst haben«, werden wir zu den bewussten GestalterInnen unseres Lebens.

Die Göttin Luna

Die Göttin Luna begleitet dieses Thema. Luna, die Mondgöttin, die in die Tiefe der Gefühle führt, die den Wechsel, das Erscheinen und Verschwinden symbolisiert.

Luna steht für die Wandelbarkeit und auch für das Gesetz der Veränderung. Nichts wird bleiben – außer der Veränderung. Nichts ist sicher – außer dass nichts so bleibt, wie es gerade erscheint.

Wer annehmen kann, dass das Leben einmal hell und strahlend ist und ein anderes Mal düster und eng, wer nicht verzweifelt, wenn sich Luna den Blicken entzieht, um strahlend wieder zu erscheinen, wer nicht beleidigt ist, wenn sie sich nicht fassen, nicht festlegen lässt, hat eine wesentliche Lehre der Göttin Luna verstanden.

Ritual der Befreiung

Schreib alles auf, was dir Angst macht, alle Qualen und Sorgen, den Zorn und die Trauer, die Enttäuschung und das Gefühl der Einsamkeit. Sprich dann alles laut und deutlich aus.

Wenn alles gesagt ist, was dich bedrückt, fang an zu lachen. Es ist interessant, wie auch künstliches Lachen den Reflex der Heiterkeit anspringen lässt.

Den Zettel kannst du im Anschluss noch verbrennen oder am nächsten Tag ein Schiffchen daraus falten und es auf einen Fluss setzen. Feuer und Wasser nehmen all unsere Ängste und Sorgen auf und verwandeln sie.

Dieses Ritual kann man auch mit mehreren Personen machen. Falls andere mitmachen, sollen sie sich zuerst mit dem Rücken zueinander in einen kleinen oder größeren Kreis – je nachdem, wie viele mitmachen – setzen. Zu zweit sitzt man Rücken an Rücken. Dann beginnt das Klagen. Alle jammern und klagen, benennen ihre Ängste und Sorgen und steigern sich in diese Klagen hinein. Dann, wenn das Klagen nachlässt, drehen sich alle zueinander und fangen zu lachen an. Mit Lachen wird das Ritual abgeschlossen.

8
Die achte Raunacht

Wie kann ich mich erneuern?

Was gibt mir Kraft, wie kann ich mich erneuern? Wenn der Alltag allzu mächtig in die Lebenskraft eingreift und oft nur noch den Gedanken zulässt: Wie lange muss ich das noch durchhalten? Wann kann ich in Rente gehen? Wie komme ich aus dieser Verstrickung heraus? Wie finde ich den Mut und die Energie, mich wieder zu erneuern?

Meistens scheitert der Weg zum lebendigen Strom an Schuldzuweisungen: Wenn die nicht, wenn der nicht, wenn ich nur könnte, hätte … Und es gibt auch eine Suchtgefahr: Im Jammern und Beklagen, im Zorn auf andere, die schuld sind, in der Verzweiflung darüber, dass nichts klappt und kein Ausweg sichtbar ist, liegt auch eine seltsame Befriedigung. Dieser Zustand verlangt eben nicht nach einer selbstverantwortlichen Lösung, sondern verharrt im Sumpf, in der Depression, in einem Zustand, der sich anfühlt, als hätte jemand den Stöpsel gezogen, und jetzt fließt die Kraft ungehindert ab.

Als junge Frau war ich – wie viele Frauen aufgrund von erlittener sexueller Gewalt in der Kindheit – oft sehr niedergeschlagen, was allerdings niemand bemerkte, denn wie viele Menschen, die eine Depression erleben, wusste ich sie munter zu überspielen. Doch wenn ich allein war, fiel die dumpfe graue Decke über mich, ich konnte mich kaum bewegen und fand keine Motivation, etwas zu tun. Ich fand den Ausweg über die Konfrontation mit der Natur in ihrer nicht so romantischen, nicht so hübschen Facette. Ich schwamm im wilden Wasser, ich stieg barfuß auf einen Berg und übernachtete schlotternd im Schlafsack unter einem Felsen; die Todesangst ersetzte zeitweise die diffuse Trauer. Ich begann, diese Ausflüge zu lieben, bereitete mich gut vor, nahm Nahrung und Getränk mit, genoss den Sonnenuntergang, schützte mich vor Regen in irgendeinem Unterstand oder Felsüberhang. Mich barfuß der Natur aussetzen wurde zu meinem größten Vergnügen – und zur Entdeckung wilder, fast ekstatischer Lebenslust.

Aus dem Schmerz herauszuspringen, meine Körperkräfte auszuprobieren und wild jauchzend durch einen Wald oder über eine Wiese zu rennen gibt mir Lust auf neue Erfahrungen, neue Herausforderungen.

Eines Morgens lief ich barfuß und mit wildem Haar, schwarz bekleidet einen Berg hinunter und hatte nur einen Gedanken: Wo kann ich jetzt ein Frühstück auftreiben? Wie spät ist es wohl? Ich begegnete einem ordentlich gekleideten Bergsteiger und fragte ihn: »Wie spät ist es?«

Er starrte mich entgeistert an und lief davon. Ich muss heute noch lachen, wenn ich daran denke.

Wer aus dem Tal der Tränen, aus diffuser Trauer aufsteigen will, kann aufschreiben, wohin es gehen soll, was helfen würde, wo Licht am Ende des Tunnels wäre. Denn nur, wenn du weißt, wo du hinwillst, kannst du auch einen Weg dahin finden.

Die Feuergöttin Brigid

Die Helferin hier ist die Feuergöttin Brigid, sie steht für das wilde, beherzte Frühlingsfeuer auch in dir, sie befeuert die Lebensenergie. Brigid oder Bride, wie sie in Schottland, oder *fraid,* wie sie in Wales genannt wird, ist auch die Kämpferin, die Mutige, Kraftvolle, die aus der Frühlingskraft Neues gestaltet, die alte Schichten abwirft und einen Neuanfang befördert. Ihr heiliges Feuer wird in Kildare in Irland gehütet.

Ihr Name selbst bedeutet die Helle, die Strahlende. Brigid steht für die kämpferische, beherzte, fröhliche Frauenkraft, die sich nicht einschränken, nicht stutzen, nicht demütigen lässt. Sie wird im Frühling mit einem Feuer begrüßt, ihre Energie eingeladen, um neue Lebenskraft zu finden.

Ritual der Befreiung

Ein Ahninnenfeuer. Es kann ein kleines Feuer in einer Feuerschale sein oder auch ein Herdfeuer oder Kaminfeuer. Zuerst werden Zweige von neun verschiedenen Holzarten gesammelt, die dann fürs Feuer aufgeschichtet werden. Wer bei diesem Feuer mitmacht, bereitet vor:

Was will ich loslassen? Wen rufe ich mir zur Seite als Verstärkung? Welche Kräfte lasse ich in mir stärker wachsen?

Stampfen, klatschen, rasseln begleiten dieses Ritual der Eigenmacht und der Lebenskraft.

Wenn alle ins Feuer geworfen haben, was sie verbrennen wollen, und gesagt haben, was sie zu sagen haben, wird das Ritual mit »So sei es« beendet.

Wer kein Feuer machen kann, zündet eine Kerze an, konzentriert sich auf die Flamme und fängt an, in die Flamme zu sprechen, was gewandelt werden soll. Anstatt am Ende die Kerze auszublasen, soll der Docht mit zwei Fingern zusammengedrückt und so die Flamme gelöscht werden mit: »So sei es.«

9

Die neunte Raunacht

Wer bin ich wirklich?

Es gibt so eine romantische Vorstellung, der ich bei Freundinnen und Freunden immer wieder begegne: Ich gehe irgendwo in die Einsamkeit und finde zu mir selbst. Das hat etwas Erhabenes. Blöd nur, wenn das, was man da findet, gar nicht so erhaben ist. Wenn Bilder und Erinnerungen auftauchen, die man am liebsten schon lang vergessen hätte. Wenn die Begegnung mit sich selbst vielleicht sogar zum Albtraum wird.

Agatha Christie, die ja immer schon mehr als eine Krimischriftstellerin war, hatte für diese Situation die Lösung: Man muss etwas Unerträgliches auch aus dem eigenen Leben verbannen dürfen. Es gibt nicht die Pflicht, sich an alles zu erinnern.

In der Isolation müssen wir uns mit unserer eigenen Welt, unserer Vergangenheit, den Ängsten, den Hoffnungen, den Plänen auseinandersetzen. Wir werden zurückgeworfen auf uns selbst und unweigerlich mit der Frage konfrontiert: Wer bin ich, wenn ich mich nicht spiegle, nicht bewerte, nicht verurteile, wenn nicht andere mich ab- oder aufwerten? Wenn ich vom Urteil anderer nicht abhängig bin? Wenn ich nicht bestätigt, nicht liebevoll betrachtet, nicht kritisch hinterfragt werde? Wenn ich nur meinen eigenen Gedanken ausgeliefert bin und ohne Ablenkung wahrnehmen soll, was ist, ohne es zu werten? Wenn Fragen auftauchen, denen ich gern aus dem Weg gegangen wäre: Wem unterwerfe ich mich? Wer korrigiert mich? Wo entsteht Reibung mit den Menschen, die ich liebe, mit denen ich lebe? Was lasse ich mir gefallen? Was müsste ich längst schon beenden?

Die selbst gesuchte idealisierte Einsamkeit wird schnell mal zur Einzelhaft. Die Gedanken rollen wie Billardkugeln im Hirn hin und her, schlagen gegen den Schädel. Und aus der Schönheit der Natur schält sich eine giftige Substanz: Selbstvorwürfe, Unzufriedenheit, endlose Leere und kein Espresso in Sicht.

Selbstzerstörung, Selbstbetrug sind hier auch Thema. Denn wer ganz auf sich selbst gestellt ist, kann ja keine anderen Menschen für irgendwas verantwortlich machen. Alles kommt immer wieder zurück. Da ist es schon von großem Vorteil, wenn man sich selbst liebt und sich nichts übel nehmen kann und will. Die Schere im Kopf sagt vielleicht: Du machst es dir zu leicht. Doch schwer wird es von allein.

Zwei Sätze begleiten mich schon viele Jahre. Der eine stammt von Astrid Lindgren. Sie sagte: Ich denke nur, was ich will. Das ist eine fast unlösbare Aufgabe für Rückzugszeiten, doch es lohnt sich, sich immer wieder daran zu erinnern: Was will ich denken?

Der andere Satz heißt: Das Glück kommt dahin, wo es erwartet wird.

Ernsthafte, politisch motivierte Menschen kritisieren mich für diese Erkenntnis, weil es nicht darum gehe, glücklich zu sein, sondern darum, Gerechtigkeit und soziale Gleichheit zu erkämpfen. In einer gerechten Gesellschaft, die alle Menschen gleichbehandelt und gleich wertet, ist doch aber die Voraussetzung geschaffen, dass Menschen glücklich werden können. Also geht's doch um das Glück!

Die Truden der Nacht

Die Truden sind wilde Nachtgeister, die aus der Tiefe des Seelenchaos alles herausfiltern, was gesehen werden will. Sie begleiten uns in den Abgrund der Selbstbetrachtung und die Leichtigkeit des Vergebens. Truden sind vor allem im Alpenraum bekannt, es gibt sie aber überall. Gemütliche Wesen sind sie nicht. Hier säen sie Selbstzweifel, dort ärgern sie brave Ehefrauen, tun sich mit den Wolkenwesen zusammen und reißen Wäsche von der Leine. Nachts springen sie auf die Brust schlafender Hausfrauen und drücken sie – in Bayern nennt man das »Trud-Drucken«, anderswo »Albträume«.

Womöglich sind sie wie die kleinen Virenvölker dazu da, den Finger auf die Wunde zu legen: Da lebst du nicht, da belügst du dich! Wie gehst du mit deinem Körper, mit deiner Seele, mit deinem Geist um?!

Der Lebensfaden wird gesponnen, er wird bemessen, er wird abgeschnitten. Auch wenn wir keine Beziehung zu Göttinnen haben, so ist das doch die poetische Beschreibung des Lebens an sich. Spinnen als magische Kunst – da wird so eine Beleidigung wie »du spinnst ja« zur verheißungsvollen Erleuchtung.

Ritual der Befreiung

Vor dem Schlafengehen stellst du eine Schale mit Wasser unter oder vor dein Bett. Im Wasser sammeln sich die Energien, die einen ruhigen Schlaf verhindern könnten – das Zweifeln, das Abwägen, Angst vor der Zukunft oder andere Sorgen. Da können gern ein paar Tropfen Minzöl oder Orangenöl dazugegeben werden – für den Wohlgeruch.

Dann kannst du eine Anrufung an die Universelle Mutter sprechen:

Große Universelle Mutter
die du alles hervorbringst und wieder zu dir holst
du bist überall und hast viele Namen
mögest du alle Menschen beschützen
mögest du Freude und Heilung verbreiten
uns von dem Gift des Hasses befreien
und uns in unseren Träumen
die Harmonie des Universums schenken.
So sei es!

Mein Zauberspruch im Alleinsein

Ich war es selbst. Ich bin es selbst.
Ich werde es selbst auch wandeln.

10
Die zehnte Raunacht

Was inspiriert meine Visionskraft?

Wie ist der Weg in die Traumzeit? Wie verbinde ich die Wirklichkeitsebenen, die physische mit den verborgenen?

Was inspiriert meine Visionskraft? Wie kann ich die Träume und Visionen in die Wirklichkeit holen? Wo finde ich aus der Traumkraft die Energie, zu handeln und wahr zu machen, was in mir steckt? Sind meine Visionen Illusion?

A change is as good as a rest, heißt es im Englischen, eine Veränderung ist so gut wie sich auszuruhen. Die Veränderung, das Ungewohnte, das Unbequeme vielleicht auch, die anderen, neuen Eindrücke, das Unerwartete, das Unangenehme bringt die Routine durcheinander, stört den bekannten Ablauf und inspiriert dazu, sich neue Wege, neue Lösungen zu überlegen.

Brauchen wir überhaupt Visionen? Unbedingt. Ohne Vision ist das Leben eine Aneinanderreihung von Ereignissen, die schön oder nicht so schön sein können, aber kein Lebensbild, kein Hologramm ergeben. Das Hologramm ist ein Bild, das, je länger es bearbeitet wird, je mehr Einzelheiten hinzugefügt werden, desto sichtbarer wird. Ohne Vision reihen sich die Einzelbilder aneinander. So ist ein Leben ohne Vision zwar möglich, aber es fehlt die energetische Bereicherung. Einer Vision zu folgen lässt Hindernisse verschwinden, lässt Anfeindungen verblassen und bringt die visionäre Person dazu, über sich selbst hinauszuwachsen. Es muss ja nicht immer eine sportliche Höchstleistung, eine Erstbesteigung, ein Literaturpreis oder eine berufliche Beförderung sein. Es geht um die persönliche Vision, nicht um gesellschaftliche Anerkennung. »Den höchsten Sieg erringt, wer sich selbst bezwingt« wurde mir als Kind in mein Poesiealbum geschrieben. Ich weiß nicht, von wem dieses Zitat stammt, aber ich fand schon immer, dass es ein ziemlich blödes Zitat ist. Ich will mich doch nicht bezwingen, ich will mich finden und lieben. Da war der Poesiealbum-Spruch meines Vaters schon von anderer Qualität (ausgerechnet er, der gewalttätige, übergriffige Mann schrieb es mir): »In deinem Inneren ist eine Quelle, die nicht aufhört zu sprudeln, wenn du nicht aufhörst nachzugraben.« Die Quelle im Inneren, nicht die Anerkennung von außen, was für ein schönes Bild. Die gilt es zu finden und freizulegen. Es geht gar nicht darum, etwas zu speichern, etwas zu bewahren und zu behüten, es geht darum, immer wieder nachzugraben und von Neuem freizulegen.

Wenn ich Inspiration suche, gehe ich gern in ein Museum, denn Kunstwerke sind ja auch Spiegelungen der Träume (oder Albträume) der KünstlerInnen, die sie schaffen. Manchmal schaue ich in die portugiesische *Vogue,* die Mode oft von alten Frauen präsentieren lässt, sehr mutige, inspirierende Themen wie Geschlechter-Rollenklischees, Gewalt in der Familie oder Diversität aufgreift und in verwegenen Bildern umsetzt. Ich sitze auch gern in Cafés und höre Gesprächen von Menschen zu, die ich nicht kenne, die oft wie Antworten auf meine Fragen oder Themen anmuten.

Visionen brauchen auch Stille und die Zeit, in sich hineinzuspüren: Was brauche ich wirklich? Was gibt mir Mut? Wo werde ich inspiriert?

Die Göttin Freya

Die Begleiterin in dieser Frage ist die Göttin Freya. Sie ist die junge Frau, die Katze, der Vogel und die wilde Kraft. Sie steht für die Wandlungskraft und für die Traumzeit. Sie ist wohl die einzige Göttin, die zugleich Jägerin (die Katze) und Beute (der Vogel) sein kann, die sich ständig wandelt, die aus ihrer Augenbraue die Zerstörerin Frigg hinausschleudern kann – wie die indische Durga, aus deren Augenbraue Kali springt.

Freya konfrontiert uns mit einem sehr interessanten Aspekt der Erscheinungsformen; sie ist die Wandelbare, die Gestaltwandlerin par excellence. Sie kümmert sich nicht darum, ob wir alles ordentlich eingeteilt haben wollen. Sie ist die wilde Kraft, die Formen und Energien verkörpern kann, mit denen wir wohl gar nicht gerechnet haben.

Ritual der Befreiung

In dieser Raunacht machen wir eine Fantasiereise, die gut zugedeckt und ungestört angefangen werden soll. Zuerst wird von den Füßen aufwärts der ganze Körper entspannt. Dann kann ein Weg begonnen werden, vielleicht durch eine Landschaft oder auf einen Berg. Auf der Reise geht es darum, die Waldvegetation zu sehen, wahrzunehmen und sich einzulassen auf die Energien, die im Wald zu spüren sind. Wie fühlen sich die Bäume an, wie der Wind, vielleicht kann der Duft des Waldes gerochen, können die Geräusche des Waldes gehört werden. Wer mag, kann versuchen, sich in die Form, in den Körper eines Tiers oder einer Pflanze einzulassen. Wer das nicht möchte, nimmt einfach die wesenhaften Formen wahr. Am Ende konzentriert man sich auf den Atem, bewegt die Finger und Zehen, dehnt sich, räkelt sich und kommt wieder ganz im Raum und in der physischen Wirklichkeit an. Wer mag, schreibt das Erlebte auf.

11
Die elfte Raunacht

Wie finde ich Klarheit und Freude?

Eine Freundin, die eine sehr begabte Malerin ist, wünschte sich nichts sehnlicher, als auf dem Kunstmarkt zu reüssieren. Sie hatte lange Jahre in Galerien gearbeitet und unter der Arroganz vieler KünstlerInnen gelitten. Dennoch dachte sie, dass mit einiger Anstrengung ein Aufstieg in die Kunst-Kommerz-Oberliga gelingen könnte. Ihr Vorhaben gelang nicht. War deshalb alles vergebens? Absolut nicht. Sie hatte sich über viele Jahren mit Malerei, mit ihrer eigenen, der von anderen beschäftigt, hatte neue Techniken ausprobiert und wunderbare Bilder geschaffen, während sie dabei eben auch große Freude und Begeisterung empfand. Allmählich verschwand ihr Ehrgeiz, es »denen« zu zeigen, und sie freute sich auch darüber, dass gerade Menschen, die nicht »wichtig« waren, Freunde, Freundinnen, ihre Bilder stark und schön fanden.

Hierzu passt der Ausdruck »den Hindernissen Lebensfreude entgegenwerfen«, nicht bitter werden, sondern sich über die eigene Schaffenskraft und Kreativität freuen.

Ich begegnete einer Frau, die ein T-Shirt mit der Aufschrift »Perfection is boring« trug. Das finde ich auch. Perfektion ist unangreifbar, niemand kann an einem perfekten Werk zerren, es kritisieren – wie langweilig. Es geht nicht um Perfektion, sondern um Lebenslust. Ja, wenn Perfektion zur Lebenslust beiträgt, warum nicht. Doch die meisten PerfektionistInnen, die ich kenne, wirken getrieben, sind nie zufrieden, vor allem nicht mit sich selbst. Sie machen sich und ihre Arbeit kleiner und sind oft entsprechend gnadenlos, wenn es um andere Menschen und deren Arbeit geht.

Ich bin eher lässig, passt schon, auch wenn's nicht oder noch nicht passt. Mir könnte etwas mehr Perfektionismus vielleicht nicht schaden, doch ist er mir so fremd, dass sich daraus beim besten Willen kein Lebenskonzept stricken ließe. Ich lebe in einem dreihundert Jahre alten Häuschen, das könnte man, wie mir ein befreundeter Architekt sagte, zu einem Traumhaus ausbauen, die Strukturen seien wunderbar. Ja. Sind sie. Ich liebe dieses Haus, wäre es perfekt, dann wäre es nicht mehr für mich, sondern ein Traumhaus für den Architekten. Ich habe die alten Holztüren im Inneren bewahrt, an denen die Ratten gekratzt haben. »Die würde ich austauschen«, sagte eine Freundin. Ja du, aber ich nicht.

Das ist der Punkt. Soll Lebenslust aufkommen, dann muss es für die Person stimmen, die diese Lebenslust leben will, und nicht für die anderen. Aus schmerzhafter Erfahrung habe ich auch gelernt, dass man umso mehr beneidet und vielleicht sogar angefeindet wird, wenn alles so wunderbar perfekt und erfolgreich daherkommt.

»Im nächsten Leben reinkarniere ich mich als Luisa Francia«, sagte einmal eine Frau zu mir. Ob sie das wirklich hinbekommt und Übermut, Gelächter und Lebenslust in ihrem Leben findet, wenn sie durch einen Unfall am ganzen Körper zerbrochen behindert bleibt, einen Tumor und Borreliose überstanden hat?

Das Geheimnis der Lebenslust: Bleib bei dir selbst. Vergleiche dich nicht, nähre die Freude in deinem Leben, weiche dem Schrecken aus, meide unangenehme Personen und erfreue dich an schönen Begegnungen. Ich würde sogar so weit gehen zu sagen: Es geht überhaupt nicht darum, etwas auszuhalten, durchzustehen, das unerträglich ist. Es geht darum, den Mut zu finden, etwas abzubrechen, was die Lebenslust womöglich für immer zerstört.

Wie finde ich Klarheit und Freude im Leben? Wie kann ich Freude finden, anstatt immer wieder das Mantra der Zerstörung, des Jammerns und Klagens zu wiederholen? Wie kann ich mich damit befreunden, dass ich nicht perfekt bin und Fehler mache? Wie kann ich mir selbst Gutes tun, um Glück zu nähren und das Gift der Bitterkeit aufzulösen?

Pure Lebensfreude führt oft zurück in die Kindheit, ins Toben und Spielen. Oder zu schönen Erlebnissen aus der Vergangenheit, Reisen vielleicht, Begegnungen, die heiter und froh waren.

Die Sonnengöttin Saule

Die Sonnengöttin Sul oder Saule unterstützt diese Meditation. Sul, Saule, die Sonne stellt einerseits die Lebensenergie dar, andererseits ist sie auch die Zerstörerin. Sie fördert das Leben und sie verbrennt es, wenn sie im Übermaß aktiv ist. Diese kraftspendende Sonnengöttin will respektiert und achtsam verehrt werden. Die Sonne weckt die Lebenskraft, und Sul/Saule ist ihre Patin, die immer wieder an die Lebenslust erinnert. Ein seltsames Ritual der Menschen ist es, sich der Sonne halb nackt oder nackt hinzugeben und dabei die Haut zu schädigen. Sonnenkraft ist Leben, doch es kommt beim Feiern der Sonnengöttin durchaus auf das Maß an, auf Hingabe – und Schutz. Gerade die Sonnengöttin macht uns klar, dass eine exaltierte, verkitschte Sicht auf eine Göttin durchaus schmerzhaft werden kann, dass Liebe eben auch Distanz und Respekt braucht.

Das Spielerische wieder zu entdecken und zu feiern ist wohl die beste Art, mit der Sonnengöttin in Verbindung zu sein.

Ritual der Befreiung

Notiere alle glücklichen Momente, die dir in den Sinn kommen. Was macht dir Freude?

Wie kannst du mehr Freude in dein Leben bringen?

Und dann bestimme einen Tag, an dem du etwas Fröhliches aus deiner Kindheit machst – vielleicht »Pippi Langstrumpf« lesen, Purzelbäume schlagen, Spaghetti-Eis essen, Steine springen lassen, singen und trödeln, in die Wolken schauen oder was auch immer. Verbinde dich mit der ungetrübten Freude in dir.

Ein feines Essen wäre ein guter Abschluss für dieses Ritual.

12
Die zwölfte Raunacht

Wie verzaubere ich meinen Alltag?

Wie kann ich meine spirituellen Erkenntnisse und Schätze in meinen Alltag einbringen, Helferwesen finden, kostbare magische Gegenstände hüten? Oft erzählen mir Frauen, dass sie sich stark und neu fühlen, nachdem sie einen Workshop mitgemacht, in einer Meditation neue Erkenntnisse gewonnen oder auf einer Visionssuche zu ihrer wahren Kraft gefunden haben. Doch wenn sie zurück in ihren Alltag gehen, verblasst die Erinnerung daran, die Alltagsmühle zermahlt die Begeisterung, die Erkenntnisse, die Erhabenheit zu Terminen und Herausforderungen.

Die Macht der Imaginationen wendet sich zum Unangenehmen, und anstatt die Traumzeit aufzusuchen, in den Landschaften der magischen Kräfte und Wesen zu wandern, werden Schrecken ausgemalt, unangenehme Erinnerungen gehütet und Respektlosigkeit oder Erniedrigung durch andere immer wieder hergeholt und erlitten. Es fällt den meisten von uns schwer, leichten Herzens zerstörerische Kräfte abzuwerfen und dafür Selbst-Ermächtigung zu trainieren. Wir machen Fehler, wir sagen auch mal Gemeinheiten – das ist normal. Wenn andere Menschen anfangen, uns damit zu erpressen oder uns kleinzumachen, müssen wir uns wehren. Für mich gibt es zwei Übungen, die überflüssige Schuldzuweisungen und Schuld-Endlosschleifen auflösen: Schultern zucken. Und dann: Schultern küssen. Denn nur wenn ich mich selbst liebe und achte, werde ich auch mit anderen Menschen respektvoll umgehen.

Ein altes Prinzip der Magie ist: Was du aussendest, kehrt zu dir zurück, bleibt mit dir verbunden.

Da lohnt es sich, genau zu überlegen: Was geht von mir aus? Wie behandle ich andere Menschen? Am besten gehen wir doch so mit anderen Menschen um, wie wir selbst behandelt werden wollen.

Die Konfrontation mit der Göttin Percht verlangt Klarheit, Entschlossenheit und vor allem unsentimentale innere Wahrhaftigkeit. Kleine Lügen und Notlügen mögen unseren Alltag würzen, doch im Ritual mit der Percht ist es fundamental, mit sich selbst im Reinen zu sein, sich selbst nicht zu belügen und dabei die Wertungen zu verlassen, einfach nur wahrzunehmen, was ist, ohne darüber zu urteilen. Auszusteigen aus Bewertungen, zu akzeptieren, dass alle Menschen das Recht auf ihre Eigenheit haben und dass diese Eigenheit keine ständige Kritik erfordert, ist wahrscheinlich die größte Befreiung des Herzens. Es ist, wie es ist.

Die Göttin Percht

Die Göttin Percht ist die Patin für dieses Thema. Percht, die uralte Hebamme in Leben und Tod, die Muttergöttin im Alpenraum, die in den Raunächten mit dem Gefolge der Verstorbenen übers Land zieht und den Frauen verbietet, in dieser Zeit zu arbeiten. Sie beschützt Frauen und Kinder, freut sich, mit weißen Speisen geehrt zu werden, und liebt Musik und Gesang.

In den Spinnstuben wurde deshalb früher nicht gesponnen, sondern es wurden Geschichten erzählt und wurde gesungen und die alte Urmutter geehrt. Die Percht entzieht sich dem verkitschten Göttinnenbild, das häufig von Frauen so verehrt und geliebt wird. Sie verhüllt ihr Gesicht mit ihren Haaren, denn wie so viele Göttinnen zeigt sie ihr Gesicht nicht, sie zeigt nur ihre Kraft, die auch durch die Elemente spürbar wird: Sturm, Gewitter, Erdrutsch, Fluten. Da ist die Percht in ihrem Element.

Wenn wir die Percht ehren, erkennen wir an, dass es im Leben wilde Kräfte gibt, die sich nicht erklären, schönreden lassen. Wir verbinden uns mit der Urkraft der Natur, in der alles seinen Platz hat. Im Licht der Percht wird klar, dass die Natur uns nicht braucht, im Gegenteil. Doch wir brauchen die Natur und haben zu respektieren, dass wir sie nicht manipulieren und zerstören dürfen.

Ritual der Befreiung

Die meisten Menschen, die ich kenne, haben einen »heiligen« Ort, so eine kleine Ecke, in der sie das aufbewahren oder präsentieren, was für sie das Besondere, das Heilige, das Kraftvolle ist, sei es nur ein Bild oder ein Stein. Die Besonderheit dieses Platzes ist, dass jedes Mal, wenn wir daran vorbeigehen oder davor meditieren, eine alte Kraft in uns anklingt, die Verbundenheit mit allen Wesen, mit allen Elementen und mit dem Universum. Wir sind immer alle verbunden, ob wir das wahrhaben oder nicht. Der eigene heilige Ort ist eine Erinnerung daran. Und manchmal kann es sogar die Leere sein, die uns in den Uratem aller Wesen führt.

Perchtensprung-Ritual zum Ende der Raunächte oder zur Bekräftigung einer Veränderung

Dieses Ritual kann zu mehreren oder auch allein gemacht werden.

Die vier Himmelsrichtungen werden durch Farben oder Gegenstände in vier Ecken oder Richtungen symbolisiert. Sie können auch gerufen werden, beginnend mit dem Osten, Süden, Westen, Norden. Ich würde mit den Zuordnungen zu Elementen keinen Stress erzeugen. Denn dazu gibt es unterschiedliche Meinungen und Traditionen.

In der Mitte steht der Perchtentrog, das kann eine Schüssel oder irgendein Gefäß sein.

Wenn mehrere Personen an diesem Ritual teilnehmen, bilden sie einen Kreis. Die Person, die das Raunachtsprogramm für sich abschließt, springt über den Perchtentrog und ruft, in welche Energie sie springt. Auf der anderen Seite angekommen, rufen alle: So sei es! Springt eine allein, ruft sie es selbst.

Die dreizehnte Kraft

Die Närrin. Wir beschäftigen uns ständig damit, unseren Alltag zu organisieren, Informationen zu verarbeiten, zu funktionieren, allen Anforderungen gerecht zu werden. Doch das hilft alles nichts, wenn wir die närrische Kraft nicht auch zulassen. Denn wenn es nur um Rationalität, um Anpassungsfähigkeit, um Anerkennung geht, bleibt uns doch nur Eifersucht, Neid, Bitterkeit oder schlimmer noch Resignation, um all das zu kompensieren, was wir trotz aller Bemühungen oft nicht bekommen. Da kommt die Närrin ins Spiel.

Populär ist sie natürlich nicht, weil sie sich der Zwangsumarmung entzieht, weil sie aus der Reihe tanzt, den Rahmen sprengt. Und das muss eben auch sein! Sie bringt die Befreiung vom Druck. Dafür wurden Volksfeste wie Fasching oder auch Karneval erfunden: in eine andere Rolle schlüpfen, nicht erkannt werden, mit einer Maske spielerisch, närrisch, das wahre Gesicht verbergen, über die Stränge schlagen.

Das Unsägliche sagen, das Unvorstellbare darstellen, das Unmögliche möglich machen und das Unerhörte hören, erhören!

Volker Derlath

Die Autorin

Luisa Francia ist Schriftstellerin, Künstlerin, Zauberkundige, Reisende, hat eine erwachsene Tochter, spricht fünf Sprachen und hat über dreißig Bücher veröffentlicht, von denen einige Bestseller wurden. Sie gibt Seminare, unterrichtet Yoga, hält Lesungen und Vorträge, die sich hauptsächlich mit Frauenkraft und Frauenweisheit beschäftigen. Sie lebt in der Nähe von München und in Portugal.
www.salamandra.de

LUISA FRANCIA
Blühende
Fantasie
Die eigene
Lebensvision
gestalten
KNAUR
MENSSANA

Luisa Francia

Blühende Fantasie

Die eigene Lebensvision gestalten

Der neue Frauenratgeber der Erfolgsautorin: kraftvoll die eigenen Träume leben

In ihrem neuen Frauenratgeber beschreibt die bekannte Autorin, wie wir uns mithilfe von Imagination und Ritualen neue Wirklichkeiten schaffen können. Die Basis ist ein helles Wachsein, um mitzubekommen, was wir uns selbst fortwährend einreden und was unsere Wahrnehmung bestimmt. Oft sind es alte Glaubenssätze wie »Das schaffe ich nie« oder »Ich bin nicht gut genug«. Schluss damit! Es wird Zeit, die Illusion in eine lebensfrohe Vision zu verwandeln. Viele praktische Übungen und Rituale helfen, untaugliche Lebensbilder auszumisten und durch eigene Kraftbilder zu ersetzen.